Glutenfrei kochen für Anfänger

Der leichte Einstieg in die Gluten freie Welt

Martina Laut

1. Auflage

Copyright © 2018

Martha Laut

Alle Rechte vorbehalten.

Inhaltsverzeichnis

Einleitung 1
Was ist Gluten und wie wirkt es sich auf den Körper aus? 3
Was ist Glutenunverträglichkeit? 7
Wo finden wir Gluten? 9
Glutenhaltige Lebensmittel 11
Lebensmittel, in denen Gluten enthalten sein kann 13
Glutenfreie Lebensmittel 18
Wie wir uns glutenfrei ernähren 23
Die Basics einer glutenfreien Ernährung 25
Alternativen zu Gluten 28
Die häufigsten Fehler 30
Rezepte 34
Rezepte fürs Frühstück 35
Rezepte fürs Mittagessen 56
Rezepte fürs Abendessen 85
Rezepte für Desserts 100

Rezepte für Snacks für zwischendurch *110*

Rezepte für Snacks für Partys *118*

Rezepte für besondere Anlässe *127*

Fazit: Vorteile einer glutenfreien Ernährung **138**

Haftungsausschluss **143**

Urheberrecht **144**

Impressum **145**

Einleitung

Sie ist in aller Munde, immer wieder hört man von Prominenten aus Amerika von diesem „Diät"-Trend: Aber die glutenfreie Ernährung hat nur wenig mit Diäten zu tun. Sicher mag es gerade ein Lifestyle oder eine Modeerscheinung sein, aber es steckt viel mehr dahinter – und zwar sehr viel Gutes für uns und unsere Gesundheit. Besonders Menschen mit einer Glutenunverträglichkeit oder Zöliakie bekommen jetzt mehr Akzeptanz und auch Unterstützung. Auch immer mehr Menschen ohne Unverträglichkeit oder Zöliakie wollen sich glutenfrei ernähren. Aber was genau hat es mit Gluten eigentlich auf sich? In welchen Lebensmitteln steckt Gluten überall drin? Und was ist wichtig bei einer glutenfreien

Ernährung? Fakt ist: eine glutenfreie Ernährung ist nicht einfach. Gluten steckt in viel mehr Lebensmitteln, als wir denken. Um den Einstieg in eine glutenfreie Ernährung etwas einfacher zu machen, geben wir am Ende ein paar sehr schöne und super leckere Rezepte für glutenfreies Essen.

Was ist Gluten und wie wirkt es sich auf den Körper aus?

Gluten ist ein Mix aus verschiedenen Proteinen und befindet sich in den Samen von verschiedenen Getreidesorten, unter anderem in Roggen, Gerste, Weizen und Dinkel. Das Eiweiß ist sehr speziell und wird aufgrund einer Eigenschaft auch Klebereiweiß genannt. Die Proteine sind sehr elastisch und werden in Verbindung mit Wasser zu einer klebrigen Masse. Knetet man zum Beispiel einen Brotteig mit Gluten und fügt diesem Wasser zu, entstehen klebrige, lange Stränge. Wird das Brot dann im Ofen gebacken, verdampft die im Teig enthaltene Feuchtigkeit des Wassers und es werden

Luftblasen gebildet. Durch die Stabilität und Elastizität von Gluten dehnen sich die Luftblasen stärker aus und der Teig wird dadurch luftig und fluffig. Traditionelle Brötchen, Croissants, Kuchen und Brot sind ohne Gluten nicht so herstellbar, wie wir sie kennen.

Die beiden Hauptproteine in Gluten sind Gluteline und Prolamine. Diese beiden Proteine sind auch verantwortlich dafür, dass das uns bekannte Brot oder unsere Brötchen ihr bestimmtes Format bekommen. Und das eigentliche Gluten entwickelt sich erst, wenn sich die Proteine mit Wasser oder Feuchtigkeit verbinden. Das Gluten sorgt dafür, dass Backwaren knusprig, fluffig und saftig werden, ist aber auch bei Teigwaren wie Pasta dafür verantwortlich, dass diese kleben. Aufgrund der speziellen Eigenschaften von Gluten ist es beliebt in der Lebensmittelherstellung und -technologie. Das Eiweiß ist sehr flexibel und wird deshalb auch als oft als Zusatzstoff für verschiedene Lebensmittel genutzt. Während man früher genau wusste, in welchen Lebensmitteln Gluten ist – in Back- und Teigwaren, Grieß, Bier und Cerealien – ist es heute deshalb eher schwierig, wirklich immer Gluten in den Lebensmitteln zu entdecken. Gluten wird heutzutage als Zusatzstoff allen Lebensmitteln zugegeben, die in irgendeiner Art verarbeitet werden.

Vorweg sollte gesagt werden, dass Gluten an sich nicht ungesund ist. Allerdings nehmen wir heute, auch aufgrund der Verwendung von Gluten als Zusatzstoff in verschiedenen Lebensmitteln, viel mehr Gluten zu uns als noch vor 20 Jahren. Es gibt Menschen, die intolerant oder unverträglich auf diesen Überschuss an Gluten reagieren. Das hat unangenehme Folgen für den Körper, zu denen unter anderem Völlegefühl, Durchfall, Schwäche, Blähungen und eine unregelmäßige Verdauung gehören. Ganz klassische oder typische Symptome für eine Glutenunverträglichkeit oder -intoleranz gibt es nicht. Jeder Körper reagiert anders darauf. Das eigentlich umstrittene und wahrscheinlich ungesunde an Gluten ist sein Bestandteil Gliadin. Dieser Stoff kann den Darm schädigen, so besagen es zumindest aktuelle Studien und Forschungen. Wie und wann das von statten geht, ist aber bisher unerforscht. Wenn man unverträglich auf Gliadin reagiert, hat man in der Regel eine Glutenintoleranz, auch Zöliakie genannt. Gliadin aktiviert bestimmte Vorgänge im Darm und erhöht die Durchlässigkeit der natürlichen Darmbarriere. Diese Veränderung bleibt bei einigen Menschen unbemerkt und ohne Symptome, andere hingegen reagieren sehr empfindlich darauf. Die Forschungen zu diesem Thema sind aber noch lange nicht beendet. Bisher geht man davon aus, dass das Gliadin auch für schwerwiegender Erkrankungen wie Multiple Sklerose, Schuppenflechte, Diabetes Typ 1, Rheumatoide Arthritis oder Morbus Berger verantwortlich sein kann.

Was ist Glutenunverträglichkeit?

Wer an einer Glutenunverträglichkeit oder –intoleranz leidet, läuft Gefahr, dass glutenhaltige Lebensmittel dafür sorgen, dass sich die Darmschleimhaut entzündet. Zu den schlimmsten Folgen einer Unverträglichkeit gehören Durchfall, Erbrechen, Gewichtsverlust, Verdauungsstörungen, Appetitlosigkeit, Müdigkeit und sogar depressive Phasen. Bisher betrifft Glutenunverträglichkeit weniger als einen Prozent der Menschen, die Dunkelziffer dürfte jedoch höher ausfallen. Bisher ist es noch schwer, klare Diagnosen zu stellen.

Wo finden wir Gluten?

Heutzutage gibt es eine unzählige Menge an Lebensmitteln und Produkten. Es wird mit der Fülle dieser Produkte immer schwieriger, die glutenhaltigen sofort zu erkennen. Dass Gluten in Weizen, Gerste, Roggen, Hafer, Dinkel und Grünkern steckt, wissen wir bereits. Aber umso mehr muss man darauf achten, dass man auch keine Produkte kauft, die aus diesen Lebensmitteln hergestellt wurden. Gluten verbirgt sich nämlich vor allem in verarbeiteten oder industriell hergestellten Lebensmitteln, wie Brot und Backwaren, panierten Lebensmitteln, Nudeln, Pizzateig, Keksen, Knabbergebäck und Bier. In manchen Lebensmitteln aber ist der Glutengehalt nicht ganz so eindeutig. Es gibt verstecktes Gluten aber auch

Lebensmittel, in denen Gluten enthalten sein kann, aber nicht muss. Nicht selten wird bei der Herstellung oder Verarbeitung auf glutenhaltige Zutaten gesetzt, die als Inhaltsstoff aber nicht angegeben sind. Vorsichtig sollten wir demnach bei panierten Lebensmitteln wie Kroketten, Kartoffelpuffern oder Pommes sein, aber auch in Wurst und Würstchen kann Gluten enthalten sein. Ebenso sind fettreduzierte Produkte, Nuss-Nougat- und Schoko-Cremes, Bonbons, Schokolade und Knabberzeug potentielle Glutenträger. Zudem ist Gluten ein sehr guter Trägerstoff für Aromen und ähnliches. Es geliert, bindet Wasser und emulgiert. Und erst seit 2005 sind Hersteller von verpackten Produkten verpflichtet, Gluten oder glutenhaltige Zusatzstoffe auf der Zutatenliste zu deklarieren.

Um das Ganze etwas einfacher zu

gestalten, haben wir eine kleine, aber sehr ausführliche Übersicht über glutenhaltige bis glutenfreie Lebensmittel erstellt:

<u>Glutenhaltige Lebensmittel</u>

- Weizen
- Gerste
- Roggen
- Dinkel
- Spelt
- Triticale
- Emmer
- Kamut
- Grünkern
- Bulgur
- Couscous
- Teigwaren aus diesen Lebensmitteln
- Backwaren aus diesen Lebensmitteln

- Flocken und Müsli, die aus den genannten Getreidesorten hergestellt werden
- Bemehltes Trockenobst
- Gerichte mit Gemüse und glutenhaltigem Getreide
- paniertes oder bemehltes Gemüse
- Joghurt mit Malz, glutenhaltigem Getreide oder Keksen
- Panierter Fisch oder paniertes Fleisch, frisch oder tiefgekühlt
- Bemehltes oder mit glutenhaltigen Soßen verziertes Fleisch oder Fisch
- Bratheringe, Bratrollmöpse
- Sauce Béchamel
- Schokolade mit glutenhaltigen Cerealien
- Bier
- gersten- oder malzhaltiger Kaffeeersatz
- haferhaltige Getränke

- Seitan (Fleischersatz aus Weizen)
- Tempuramehl
- fermentierte glutenhaltige Getreide
- Udon Nudeln
- Fadennudeln (Somen)
- Mais-, Reis-, Soja-, Buchweizenbrot
- Malzkaffee, Getreidekaffee, Surrogat
- Bio-Trocken- und Frischhefe
- Liköre, Glühwein, Punsch, importierte Reis- und Maisbiere

Lebensmittel, in denen Gluten enthalten sein kann

- Fertigprodukte (z.B. Kartoffelpüree)
- Kartoffelchips
- Puffreis
- glutenfreier Hafer (Hafer wird von den meisten Zölliakiebetroffenen vertragen)

- Kandierte Früchte
- Smoothies
- Cremes und Puddings
- fertige Milchshakes
- Fertiggerichte mit Milch oder Käse
- Schmelzkäse
- Wurstwaren
- Fertigsoßen, Sojasoßen, Gewürzzubereitungen
- Brühwürfel
- Backzutaten, z.B. Backpulver
- Schokolade, Bonbons, Kakao, Eis, Kaugummi
- Fertigmischungen für Frappé, Kakao, Säfte mit Zusatzstoffen
- Konserven mit Konservierungs- und Aromastoffen, Säuerungsmitteln und Geschmacksverstärkern
- Lightprodukte
- Tiefkühlobst mit Süßstoff

- Tiefkühlgemüse mit Aromastoffen und/oder Bindemittel
- Kandierte Nüsse, z.B. gebrannte Mandeln
- Nuss- und Mohnbackmischungen
- Studentenfutter-Mischungen
- Produkte mit Müsli-, Kräuter- und Fruchtzusätzen
- Quark- und Joghurterzeugnisse
- Sprühsahne
- mit Vitaminen und Nährstoffen angereicherte Milch
- Ligt- und fettreduzierte Käse, Käsezubereitungen, Käseimmitate, gewürfelter oder geriebener Käse, Käse im Stück und Käseprodukte mit Kräuter- und Fruchtzusätzen, Harzer Käse, Schimmelkäse, Schmelzkäse
- Fischkonserven

- Muscheln, Krabben, Scampi, Garnelen, Surimi, Krebsfleisch, Austern mit Gewürzen und/oder Saucen
- Kebab
- gekochter Schinken
- Fleisch, eingelegt im eigenen Saft
- Corned Beef in Gelee
- Schmalz bzw. Fleisch in Schmalz
- Trockenkartoffel- und Kartoffelpüreeerzeugnisse, vorgeformte Kartofelteigerzeugnisse wie z.B. Gnocchi oder Kroketten, gebratene Kartoffelprodukte wie Rösti oder Reibekuchen, Kartoffelknödelerzeugnisse, Knabbererzeugnisse aus Kartoffeln wie Chips
- Hülsenfrüchte in Fertiggerichten
- Vanillezucker, alle Süßstoffe, Geliermittel, Diabetikerzucker, aromatisierter Traubenzucker

- Nuss-Nougat- oder Schokoaufstrich, Ahornsirup
- Aromatisiertes Mineralwasser, Kaffee, Tee
- aromatisierter Tee, Getränkesirup, isotone Getränke
- Fruchtsäfte, Limonaden, Brausen, Gemüse- und Obstsäfte mit Zusätzen, Lupine und/oder Soja
- Hirschhornsalz, Trockenhefe, Kuvertüre, Aromen
- Tortenguss, Sahnestandmittel
- Geliermittel: gefärbte Blattgelantine
- Gewürze: Muskatnuss, Gewürzpräparate und -zubereitungen, Gewürz- und Gewürzaromasalz, Würzmischungen und -saucen, Senf, Currypulver, Mayonnaise, Ketchup, Meerrettich, Sojasauce, Chutney, Kräuter- und Malzessig

- Whisky, bei manchen Sorten wird Malz zur Destillation zugegeben

Glutenfreie Lebensmittel

- Alle unbehandelten Kerne, Früchte und Nüsse, z.b. Kürbiskerne, Pinienkerne, Mandeln, Mohn, Leinsamen, Sonnenblumenkerne, Sesam
- Unverarbeitetes, frisches Gemüse und Obst, Hülsenfrüchte
- Tiefkühlobst und Tiefkühlgemüse ohne weitere Zusätze
- Konserven mit den Zutaten: jeweilige Obst- und Gemüsesorten, Zucker, Glukosesirup, Wasser, Salz
- Milch, Naturjoghurt, Sahne

- Frischkäse und Käse wie Ricotta, Mascarpone, Mozzarella, Parmesan
- Ei
- Pflanzenöle
- Butter, Margarine, Schmalz
- reine Gewürze, Salz, Pfeffer
- Honig, Zucker
- Erfrischungsgetränke wie Cola und Limonaden, Bohnenkaffee, Tee, reine Fruchtsäfte und Nektar, Sekt, Prosecco, Wein, klare Schnäpse, Mineral- oder Tafelwasser
- Buttermilch, Dickmilch und Sauermilch, Schmand, Quark, Creme Fraiche, Hüttenkäse, Kondensmilch, Kaffeesahne
- natürlicher Käse, z.B. Gouda, Edamer, Emmentaler, Lidnenberger, Tilsiter, Parmesan, Grünländer, Feta in Salzlake, Schafs-, Ziegen- und Frischkäse Natur

- Frischer, unpanierter, ungewürzter Fisch ohne weitere Zusätze
- Muscheln, Krabben, Scampi, Garnelen, Krebsfleisch, Austern sowie Fischkonserven in Öl oder im eigenen Saft
- Naturbelassenes, ungewürztes Fleisch, unpaniert, frisch oder tiefgekühlt
- Getreide: Amaranth, Mais, Reis, Buchweizen, Quinoa, Hirse, Kichererbsen, Wildreis, Kastanien, Maniokmehl, Traubenkernmehl, Kastanien
- als glutenfrei angebotenes Mehl und Brot
- Frische Kartoffeln, Folien -und Pellkartoffeln
- Glutenfreie Nudeln
- Asiatische Glas- und Reisnudeln
- Alle Sorten Hülsenfrüchte

- Puder-, Haushalts-, Kandis- oder brauner Zucker, Gelier-, Trauben- und Fruchtzucker
- nicht aromatisierter Früchte-, Kräuter- und Schwarztee
- Bindemittel: glutenfreie Kartoffel-, Maranta-, Mais-, Pfeilwurzstärke, Guakern- und Reismehl, Johannisbrotkernmehl, Tragant, Tapioka, Kuzu
- Geliermittel: Carragen, Gelierzucker, Pektin, Xantan
- Gewürze: Gewürze pur, Kräuter pur, reine Kräuter- und Gewürzmischungen, Glutamat
- Tomatenmark, wenn nur aus Tomaten, Salz oder Zucker bestehend
- Essig: Obst-, Rotwein-, Weißweinessig, Essigessenz, klare Essige, Aceto-Balsamico

- Wein, Obstbranntwein, klare Brände, Korn, Süßmost, Gin, Rum, glutenfreies Bier

Von Natur aus sind Mais, Reis, Hülsenfrüchte, Gemüse und Obst sowie Hirse glutenfrei. Eine schöne Alternative für glutenhaltige Lebensmittel sind zum Beispiel die Pseudogetreide rund um Quinoa, Amaranth und Buchweizen. Auch unverarbeitetes Fleisch und Fisch, Milch, Eier, Glas- und Reisnudeln, Soba-Nudeln sowie Käse in natürlicher Form sind von Natur aus ohne Gluten. Es gibt also durchaus Mittel und Wege, um sich glutenfrei zu ernähren. Aber was bedeutet das genau, glutenfreie Ernährung?

Wie wir uns glutenfrei ernähren

Glutenfreie Ernährung ist grad voll im Trend und wird immer beliebter. Sicherlich hat dieser Food-Trend noch seine Schwachstellen, aber Erfahrungsberichte sagen eindeutig: Eine glutenfreie oder –reduzierte Ernährung macht dich tendenziell aktiver und gesünder. Das liegt aber nicht unbedingt nur an dem Verzicht auf Gluten. Viel mehr leben wir gesünder, weil wir uns automatisch viel bewusster ernähren. Auf einmal schaut man auf die Zutatenliste, erkundigt sich intensiver mit den Lebensmitteln die man zu sich nimmt und verzichtet automatisch auf Fertigprodukte und Co. Außerdem erweitern wir unseren Horizont enorm, wenn wir uns glutenfrei ernähren. Denn man entdeckt völlig neue Möglichkeiten, ausgefallene Snacks, internationale Gerichte und sogar gesündere Süßigkeiten und Snackmöglichkeiten für den Alltag. Und ist es nicht so? Wer sich gesünder ernährt, fühlt sich automatisch schon viel besser. Eine glutenfreie oder –reduzierte Ernährung hat also vorwiegend Vorteile für uns.

Wie wäre es mit gesunden Knabbereien und Süßigkeiten, wie Chips aus Hülsenfrüchten und Wurzeln, rote Beete Gerichten oder Hirsebällchen, Quinoa-Riegeln, Mandelschnitten und Schokoladen aus hochwertigem Kakao? Klingt alles gesund, ist aber trotzdem super lecker! Aber wir haben noch ein paar Tipps für den Anfang:

Die Basics einer glutenfreien Ernährung

Du musst jetzt nicht loslaufen und das gesamte glutenfreie Sortiment deines Supermarktes aufkaufen. Zudem diese Produkte oft überteuert sind. Wahllos einkaufen ist keine Option. Zudem ist nicht alles wirklich glutenfrei, wo es draufsteht und auch nicht jedes Produkt ohne Gluten ist wirklich gesund. Viele glutenfreie Lebensmittel sind arm an Vital- und Ballaststoffen, haben einen hohen Anteil an Zucker oder Zusatzstoffen. Gesund klingt anders. Das gilt vor allem für Backwaren und Knabbereien. Hier herrschen oft Zucker, ungesunde Zuckerverbindungen, Fette, Salze und Sirupgemische vor. Auch Füllstoffe und Stabilisatoren sind gängig in glutenfreien Lebensmitteln – und alles andere als gesund. Achte bei der Wahl deiner Lebensmittel auf die Zutatenliste. Je kürzer diese ist, desto gesünder ist der Inhalt. Und bedien dich an den Lebensmitteln, die schon von Natur aus glutenfrei sind. Dazu gehören neben Reis und Kartoffeln auch Hülsenfrüchte wie Erbsen, Bohnen und Linsen, aber auch Mais. Außerdem kann man sich hervorragend auch in der internationalen Küche ausprobieren, denn hier gibt es zahlreiche glutenfreie Lebensmittel. Beispiele hierfür sind Rezepte aus Afrika, Thailand und Südamerika. Viele Ballaststoffe, gesunde Pflanzenproteine und eine Menge Mineralstoffe liefern Hülsenfrüchte und auch Wurzeln. Je nachdem, wie viele Getreide- und vor allem Weizen-Produkte du vorher zu dir genommen hast, solltest du in jedem Fall langsam anfangen. Ist dein Magen und dein Darm keine ballaststoffreiche, gesunde Ernährung gewohnt, wird er erst einmal rebellieren. Daher probier dich erst einmal vorsichtig aus und steigere dich dann je nach Befinden. Einige fangen erst eine glutenreduzierte Kost an und steigern sich dann langsam zu einer glutenfreien Ernährung. Empfehlenswert ist daher ein Start mit Kartoffeln, Reis, Mais und Gemüse, am besten gedünstet. Später kannst du dann auch Hülsenfrüchte, Rohkost und exotischere Zutaten für deine Ernährung wählen. Bei Fleisch, Fisch, Obst und Milchprodukten ist eigentlich alles erlaubt, es sollte nur vollwertig sein, damit es mit der gesunden Ernährung auch klappt. Eine schöne Alternative zu Cerealien, Haferschleim und Müsli sind unter anderem Reis- und Sojaflocken, Amaranth und Quinoapops. Besonders zum Frühstück kannst du deine Schüssel noch zusätzlich mit Kokosflocken, Nüssen, Kakaopulver und anderen schönen

Toppings ohne Gluten verzieren und aufpeppen.

Alternativen zu Gluten

- Nudeln: alternativ gehen Reis-, Buchweizen-, Hirse- oder Maisnudeln
- Grieß: alternativ geht auch Polenta
- Bulgur: die besten Alternative für Bulgur ist Reis
- Couscous: Für Couscous kannst du auch Quinoa nutzen
- Weizenkleie: kannst du mit glutenfreier Haferkleie ersetzen
- Brot, Müsli, Bier: hierfür gibt es glutenfreie Varianten zu kaufen
- Cornflakes: alternativ gehen auch Maiscornflakes
- Ovomaltine: beste Alternative ist Kakao

- Weizenflocken: alternativ kannst du auch Hafer-, Soja-, Hirse- oder Reisflocken nutzen
- Alternativen zu gängigem Mehl: Kastanien-, Mandel-, Soja-, Kichererbsen-, Hanf-, Kokos-, Bananen-, Tapioka-, Pfeilwurzel-, Guarkern-, Lupinen-, Quinoa-, Amaranthmehl
- Glutenfreie Bindemittel: Johannisbrotkernmehl, Guarkernmehl, Xanthan

Du siehst, du kannst glutenhaltige Ernährung recht einfach durch glutenfreie Zutaten ersetzen. Mit der Zeit lernt man schnell, was geht und was eher ungesund ist. Selbst Backen kannst du ohne Gluten mittlerweile sehr gut. Hierfür kannst du statt glutenhaltigem Mehl Buchweizen, Teff oder Hirse nutzen. Auch Flohsamenschalen sind ein gängiger

Ersatz für Gluten. Je nachdem, was du machen möchtest, gibt es verschiedene Mehlarten. Für Kuchen eignet sich am besten Mandel- oder Reismehl und Teff. Wenn du selbst Pasta machen möchtest, nutze zum Beispiel Mais- oder Reismehl. Leckeres glutenfreies Brot kannst du unter anderem mit Hirse, Buchweizen oder auch Kastanien backen. Wichtig ist, dass du für das Backen mit glutenfreiem Mehl mehr Flüssigkeit zur Hilfe nimmst und den Teig länger ziehen lässt, damit er fester wird. Teig für Pasta oder auch Kekse solltest du schneller verarbeiten, da dieser zu bröckeln und trocknen neigt. Für so gut wie jedes Lebensmittel gibt es eine glutenfreie Alternative und viele leckere Rezepte.

Die häufigsten Fehler

Wie bereits erwähnt, bedeutet glutenfreie Ernährung nicht gleich gesunde Ernährung.Im Supermarkt und in Bioläden findest du heutzutage eine Vielzahl an glutenfreien Lebensmitteln. Zudem werden diese Produkte aufgrund ihrer Glutenfreiheit auch als gesünder deklariert. Aber stimmt das? Die meisten dieser Produkte und Lebensmittel sind nämlich industriell verarbeitet. Das heißt gleichzeitig, dass sie nicht in ihrer natürlichen Form erhältlich sind sondern voll sind mit künstlichen Zusatzstoffen, raffiniertem Zucker und Kohlenhydraten. Daher sollte auf abgepackte Produkte größtenteils lieber verzichtet werden. Besser sind die frischen Lebensmittel, die von Natur aus schon glutenfrei und nicht industriell hergestellt sind. Außerdem können glutenfreie Lebensmittel den Blutzuckerspiegel nach oben treiben. Daher gilt: Lieber kleine Portionen von glutenfreien Lebensmitteln.

Gluten befindet sich in zahlreichen Lebensmitteln und Getränken. Selbst in Medikamenten ist manchmal Gluten und es wird gern als Binde- und Streckmittel benutzt. Daher ist es wichtig, die Zutatenangaben genau zu lesen. Gluten an sich muss zwar ausgewiesen sein, nicht aber Getreidebestandteile.

Bei einer glutenfreien Ernährung kann es, besonders am Anfang, zu Mineralstoff- und Vitaminmängeln kommen. Wichtig ist, dass du dich auch ohne glutenhaltige Lebensmittel vollwertig und nährstoffreich ernährst. Nur so gehst du Mängeln aus dem Weg. Alternativ kannst du auch zu betreffenden Nahrungsergänzungsmitteln greifen. Besser ist es aber immer, alle wichtigen Vitamine und Mineralstoffe über die Nahrung zu sich zu nehmen.

Am wichtigsten ist: Achte nicht ausschließlich nur darauf, dass du glutenfrei isst. Beachte auch alle anderen wichtigen Bestandteile, die zu einer gesunden Ernährung dazu gehören. Dein Körper sollte nicht übersäuern oder gegen irgendwelche Mängel ankämpfen müssen. Das heißt im Klartext: Viel Gemüse und Obst am Tag, Kohlenhydrate reduzieren, Zucker vermeiden oder reduzieren, gesunde Fette und Öle zu sich nehmen sowie gesunde Proteine. Man rät allgemein zu ein bis zwei Mal Obst und fünf bis acht Mal Gemüse am Tag. Am besten wäre, wenn du bei jeder Hauptmahlzeit Gemüse, am besten Rohkost, dabei hast. Statt Zucker kannst du auf Süßungsmittel wie Erythrytol oder Stevia zurückgreifen. Zu den gesündesten Fetten und Ölen gehören Lein-, Hanf-, Oliven- und Kokosöl. Versuche möglichst auf schadstoffarme

Lebensmittel umzusteigen, beobachte aber auch, wie dein Körper auf die Umstellung reagiert und richte dich nach deinem Befinden.

Rezepte

Frühstück, Mittag, Abendessen – das sind die drei Hauptmahlzeiten am Tag. Zu diesen Zeiten sollte sich unbedingt an die glutenfreie Ernährung gehalten werden. Mit dem Frühstück beginnt der Tag. Diese Mahlzeit sollte ausgewogen und gesund sein, um Energie für den anstehenden Alltag zu tanken. Zum Mittag sollte es vollwertig, aber leicht sein, damit dir das Essen nicht allzu schwer im Magen liegt. Abends kannst du – je nach Zeit – schlemmen, genießen oder auch auf leichte Kost umsteigen. Und was ist mit den Snacks zwischendurch? Jeder Mensch nascht ja gerne mal oder braucht eine kleine Zwischenmahlzeit, wenn die nächste Hauptmahlzeit noch so lang hin ist. Deshalb haben wir auch schöne

Rezepte für Desserts, für Snacks für zwischendurch, für besondere Anlässe und für Partys für dich aufgelistet. Eben so, damit du bei jeder Gelegenheit bei deiner glutenfreien Ernährung bleiben kannst.

Rezepte fürs Frühstück

Ob deftig oder süß – für jeden Frühstückstyp gibt es zahlreiche passende Rezepte und Ideen. Dass glutenfreie Ernährung einfach und dennoch vielschichtig ist, zeigt sich besonders am Frühstück.

Rührei mit Tomaten und Schnittlauch

Zutaten für eine Portion

- 2 Eier
- 2 große Tomaten
- ½ Bund Schnittlauch
- 1 Zwiebel
- 2 EL Petersilie, schon gehackt oder frisch
- 4 EL Mineralwasser
- 1 TL Sonnenblumenöl, am besten kaltgepresst
- 1 Prise Salz und Pfeffer

Rührei ist ein perfekter Einstieg in den Tag und ideal zum Frühstück geeignet. Zudem sind Eier glutenfrei und man benötigt keine ausgefallenen oder selten zu kriegenden Zutaten. Als erstes werden die Tomaten gut abgewaschen. Am besten entfernst du die Stielansätze, damit du später keine Strunken im Ei hast. Dann schneidest du die Tomaten in kleine Stückchen oder schmale Spalten. Die klein gehackte Petersilie kannst du jetzt schon auf die Tomaten streuen. Die Zwiebel wird geschält und in kleine Würfel geschnitten. Der Schnittlauch sollte ebenfalls gut abgespült und trocken geschüttelt werden. Dann schneidest du vom Bund ungefähr die Hälfte in kleine Röllchen. Im Anschluss gibst du die zwei Eier in eine Schüssel oder eine Tasse und gibst vier Esslöffel Mineralwasser hinzu. Alternativ kann auch Milch genommen werden, aber mit Mineralwasser werden die Eier später luftiger. Mit Salz und Pfeffer kannst du das Gemisch würzen. Nun erhitzt du das Sonnenblumenöl in einer beschichteten Pfanne und lässt die Zwiebelwürfel in die Pfanne. Diese müssen nun glasig werden, bevor die Eier darüber gegossen werden. Bei schwacher Hitze lässt du das Rührei nun langsam stocken. Wie der Name schon sagt, solltest du ab und zu umrühren, auch, damit das Ei nicht anbrennt. Nun holst du die Eimasse aus der Pfanne und bestreust sie mit den Tomaten und dem frischen Schnittlauch und Voila! Fertig ist das leckere Frühstück. Alternativ kannst du die Tomatenstücken auch schon in das Ei in der Pfanne rühren. Die Tomaten werden dann mit erwärmt. Probiere einfach aus, was dir besser schmeckt.

Pancakes mit Ananas und Kokos

Zutaten für eine Portion

- 200 g Reismehl
- 4 normal große Eier
- 200 ml Kokosmilch
- 2 EL brauner Zucker
- 4 EL Kokosraspeln
- Butter

Für das Ananas-Topping brauchst du:

- 1 Ananas
- 100 g Zucker
- 200 ml Kokosmilch
- Kokosrapseln oder Kokoschips zur Garnitur

Dieses Rezept klingt exotisch, ist aber ganz einfach und schnell zubereitet. Für die Pfannkuchen trennst du das Eiweiß vom Eigelb. Achtung: Eiweiß bitte aufheben. Die Eigelbe werden dann mit dem Reismehl, dem Zucker, der Kokosmilch und den Kokosraspeln verrührt, bis eine glatte Masse entsteht. Diesen Teig lässt du dann für eine viertel Stunde ruhen. In der Zwischenzeit kannst du mit dem Topping beginnen. Hierfür schälst du zuerst die Ananas, schneidest den Strunk heraus und das Fruchtfleisch in kleine Würfel. Den Zucker lässt du in der Zeit in einem Topf karamellisieren. Wenn der Zucker karamellisiert ist, löscht du ihn mit der Kokosmilch ab. Dann erst gibst du die Ananasstückchen hinzu, nimmst alles vom Herd und lässt es ziehen. Dann schlägst du das getrennte Eiweiß steif und hebst es vorsichtig unter. Das Topping kann sowohl warm als auch kalt genossen werden. Zurück zu den Pancakes: Nach der Ruhezeit brätst du die Pancakes in einer beschichteten Pfanne mit etwas Butter. Du kannst die fertigen

Pancakes im heißen Ofen warm halten, bis du fertig bist. Die Pancakes können nun mit dem Topping verzehrt werden. Auf Wunsch kannst du dein Werk noch mit Kokosraspeln oder Kokoschips bestreuen. Das Auge isst schließlich mit.

Waffeln mit Topping nach Wunsch

Zutaten für eine Portion

- 3 Eier
- 120 g glutenfreies Mehl
- 125 g Butter
- 125 g Zucker
- 1 TL Backpulver
- 50 g Mandeln, gemahlen
- Butter

Waffeln sind sehr gut zum Frühstück geeignet, da sie schnell sättigen und dir die nötige Energie für den Alltag liefern. Zudem kannst du schön mit den Toppings und Zugaben variieren. Für die Waffeln rührst du erst 125 Gramm Butter mit 125 Gramm Zucker zu einer glatten Masse. Dann gibst du nach und nach die Eier hinzu und schlägst den Teig schön schaumig. Als letztes kommt das

Backpulver, das Mehl und die gemahlenen Mandeln hinzu und werden mit untergerührt. Für die Waffeln benötigst du ein Waffeleisen. Dieses streichst du beim Erwärmen mit etwas Butter ein, damit der Teig nicht kleben bleibt. Nun nimmst du jeweils eine kleine Kelle des Teigs und gibst ihn in das Waffeleisen. Die Waffeln werden nun nach und nach ausgebacken. Als Topping kannst du frische Früchte, selbstgemachtes Kompott nehmen, Nüsse, Quark und eigentlich alles, worauf du Lust hast. Lass deiner Fantasie freien Lauf.

Buchweizen-Porridge

Zutaten für eine Portion

- 200 g geschroteten Buchweizen
- 400 ml Milch
- 2 EL Butter
- 2 EL Honig
- 1 Prise Salz
- Zimt (und ggf. Zucker)

Porridge ist ein beliebtes Frühstück geworden, weil es satt macht, lange satt hält und natürlich von innen wärmt. Gerade für kältere Jahreszeiten ist Porridge ein schönes Frühstück. Aber normalerweise ist Porridge nichts anderes als Haferbrei. Bei der glutenfreien Variante nehmen wir daher Buchweizen. Als erstes lässt du den geschroteten Buchweizen gemeinsam mit einer Prise Salz, der Milch und ungefähr 300 Milliliter Wasser aufkochen. Den Brei musst du ab und zu umrühren und bei mittlerer Hitze ungefähr eine viertel Stunde quellen lassen. Am Ende müsste ein dicker Brei herauskommen. Wenn er zu dick wird, nimm einfach noch etwas Wasser hinzu. In den heißen Brei rührst du nun die Butter unter und schmeckst mit Zimt, gegebenenfalls Zucker und Honig ab. Lass es dir schmecken!

Hirse-Müsli mit Birnen

Zutaten für eine Portion

- 100 g Hirse
- 2 Birnen
- 300 g Dickmilch
- 2 TL Honig
- 40 g Walnusskerne
- Zimt

Die Hirse gibst du mit ungefähr 200 Millilitern Wasser in einen Topf und lässt sie aufkochen. Bei mittlerer Hitze muss die Hirse nun ungefähr zehn Minuten quellen. In der Zwischenzeit kannst du die Birnen abwaschen und trocknen. Dann schneidest du das Obst in kleine Würfel und stellst es beiseite. Die Walnusskerne musst du in grobe Stücke hacken. Wenn die Hirse ausgequollen ist, lässt du die Masse etwas abkühlen. Am besten rührst du ab und zu um. Nun verrührst du die Dickmilch mit dem Honig und einer Prise Zimt. Die Birnenstückchen und die Hirse werden vorsichtig untergehoben. Nun kannst du dein fertiges glutenfreies Müsli mit den Walnüssen bestreuen und dir schmecken lassen.

Kokos-Reis-Omelett mit Heidelbeeren

Zutaten für eine Portion

- 2 Eier
- 30 g Vollkornreis
- 2 EL Milch
- 200 g Heidelbeeren
- 2 TL brauner Zucker
- 2 TL Sonnenblumenöl
- 1 EL Kokosraspeln
- Salz

Dieses Rezept ist perfekt für alle die, die es morgens süß mögen. Der Vollkornreis wird in 60 Millilitern kochendem Wasser, für ungefähr 30 Minuten, zugedeckt und bei kleiner Hitze, gegart. Danach muss der Reis für ungefähr zehn Minuten abkühlen. Der abgekühlte Reise wird mit der Milch, den Eiern, dem Zucker, den Kokosraspeln und einer Prise Salz verrührt. In einer beschichteten Pfanne wird etwas Sonnenblumenöl erhitzt und die Reis-Eier-Mischung hinzu gegeben. Das Omelette muss nun von beiden Seiten schön goldbraun gebacken werden. Im Anschluss kommen die Heidelbeeren als finales Topping auf die Omelettes und fertig ist das leckere Frühstück.

Joghurt mit Hirseflocken und Kaki

Zutaten für eine Portion

- 150 g Joghurt
- 3 EL Hirseflocken
- 1 Kaki, am besten vollreif
- 1 TL Honig

Im ersten Schritt wird die Kaki abgewaschen und getrocknet. Dann schneidest du den Kopf der Kaki ab, also den Deckel mit dem Grün. Mit einem Esslöffel kannst du nun das Fruchtfleisch hinausholen und in einer Schale aufbewahren. Dort drückst du das Fruchtfleisch, am besten mit einer Gabel, klein. Nun mischst du den Joghurt mit den Hirseflocken und dem Honig. Das Kaki-Mus hebst du ebenfalls unter. Nun füllst du den Kaki-Joghurt in die ausgehöhlten Fruchtschalen und kannst es dir schmecken lassen.

Omelette mit Gemüse

Zutaten für eine Portion

- 2 Eier
- 2 Paprikaschoten, am besten rot oder gelb
- 2 Tomaten oder alternativ anderes Gemüse, was du magst
- 1 Zwiebel
- 1 Knoblauchzehe
- 2 EL saure Sahn
- 1 Zweig Thymian
- 1 EL Olivenöl
- Petersilie, glatt
- Salz und Pfeffer
- Muskatnuss

Dieses Omelette ist nicht nur super lecker, sondern auch gesund, vollwertig und lange sättigend. Als erstes schneidest du die Zwiebel in kleine Würfel und die

Paprika in dünne Streifen. Die Tomaten befreist du von ihren Stielansätzen und vom Strunk und gibst sie kurz in kochendes Wasser. Dann kannst du die Haut besser ablösen. Im Anschluss schneidest du auch die Tomate in kleine Würfel. Der Thymian wird abgewaschen und trocken geschüttelt. Dann zupfst du vorsichtig die einzelnen Blättchen ab und hackst sie fein. Die Knoblauchzehe wird geschält und halbiert. Den Knoblauch nutzt du, um eine beschichtete Pfanne damit auszureiben. Das gibt am Ende ein schönes Aroma. Nun erhitzt du etwas Olivenöl in der Pfanne und gibst die Zwiebeln und den Thymian hinzu. Bei mittlerer Hitze muss beides etwas andünsten. Nun tust du auch die Paprikastreifen hinzu und lässt diese leicht andünsten. Zum Schluss folgt die Tomate. Die Eier werden mit der sauren Sahne zu einer Masse vermischt und mit

Muskatnuss, Salz und Pfeffer gewürzt. Das Eigemisch fügst du nun dem Gemüse in der Pfanne hinzu und lässt es stocken. Nun wäscht du die Petersilie ab, zupfst ein paar Blättchen ab und hackst sie fein. Diese werden als Topping auf das Omelette gestreut.

Chia-Power-Frühstück

Zutaten für eine Portion
- 25 g Chiasamen
- 125 g Hüttenkäse oder Magerquark
- 1 Banane oder 1 Apfel
- Zimt, Kakaopulver oder Kokosraspeln als Topping

Dieses Frühstück ist fruchtig, süß und gibt dir viel Power für den Tag, denn es ist sehr proteinreich und sättigt lange. Als erstes lässt du die Chiasamen mit etwas Wasser aufkochen. Beim Wasser musst du dich einfach ausprobieren. Das gewählte Obst, der Quark oder Hüttenkäse und etwas Wasser wird nun zu einer Masse gemixt und zu den aufgekochten, aufgequollenen Chia-Samen gegeben. Nach Belieben kannst du den Brei auch nachsüßen. Am Ende kommt ein Topping deiner Wahl oben drauf: Kakaopulver, Zimt, Kokosstreusel – was du lieber magst.

Rezepte fürs Mittagessen

Das Mittagessen ist für viele Menschen die wichtigsten Mahlzeit am Tag. Es macht die Mitte des Tages aus und soll noch einmal richtig Energie geben. Zudem möchte man vom Mittag lange satt sein, damit man bis zum Abend durchhält. Auch für das Mittagessen bietet die glutenfreie Küche unzählige Rezepte und Ideen.

Lachsspieße mit Tomaten-Fenchel-Salsa

Zutaten für eine Portion

- 400 g Lachsfilet, ohne Haut
- 200 g Tomaten
- 2 Frühlingszwiebeln
- 1 Fenchel
- 1 Chilischote, rot – frisch
- 1 Chilischote, rot – getrocknet
- 3 Stiele Koriander
- 1 Limette
- 3 EL Olivenöl
- Salz und Pfeffer
- Zucker

Als erstes wäscht du die Tomaten, entkernst sie und schneidest sie in kleine Würfel. Auch die Frühlingszwiebeln werden gewaschen und anschließend in Ringe geschnitten. Der Fenchel wird gewaschen und fein gewürfelt. Die frische rote Chilischote halbierst du längs, entkernst sie und hackst sie ganz fein. Auch der Koriander wird abgespült, getrocknet und die Blättchen kleingehackt. Die Limette musst du nur auspressen, hier benötigst du nur den Saft. Nun fügst du das alles zusammen und gibst das Öl hinzu. Mit Salz und Pfeffer und eine Prise Zucker würzt du die Masse. Vor dem Servieren muss alles ungefähr eine halbe Stunde ziehen und kalt gestellt werden. Nun schneidest du den Lachs in große Würfel. Die getrocknete Chilischote zerbröselst du vorsichtig und mischst sie mit etwas Öl, Salz und Pfeffer. Das Gemisch gibst du über die Lachswürfel und marinierst das Ganze für ungefähr 15 Minuten. Nun kommen die Lachswürfel auf vier Schaschlickspieße. In einer beschichteten Pfanne werden die Spieße nun gegrillt. Die Salsa kommt dann mit den Spießen auf den Teller und du kannst noch alles mit etwas Limettensaft beträufeln.

Rote-Bete-Salat

Zutaten für eine Portion

- 4 Knollen Rote Bete, frisch
- 1 Bund Radischen
- 1 Bund Petersilie
- ½ Bund Minze
- 1 Knoblauchzehe
- 1 Granatapfel
- 2 rote Zwiebeln
- ½ Zitrone
- 5 EL Olivenöl
- Salz und Pfeffer
- 1 EL Honig

Dieses Rezept stammt aus dem Libanon und ist eine sehr gesunde, ausgewogene Mittagsmahlzeit. Als erstes musst du die frische Rote Bete abwaschen und in einem Topf mit Salzwasserz um Kochen bringen. Bei mittlerer Hitze muss die Rote Bete für

50 bis 60 Minuten köcheln. In der Zwischenzeit kannst du den Granatapfel halbieren und auf einer Zitronenpresse auspressen. Wichtig ist hier der Saft. Dieser wird mit dem Honig in einem kleinen Topf gekocht, bis ein Sirup entsteht. Dann schälst du die rote Zwiebel und schneidest sie in feine Streifen. Auch die RAdischen müssen gewaschen und dann geviertelt werden. Minze und Petersilie werden abgewaschen, trocken geschüttelt und die Blätter grob gehackt. Die Knoblauchzehe muss geschält und mit Mörser und Stößel mit einer Prise Salz zerdrückt werden. Alternativ kannst du auch eine Knoblauchpresse nutzen. Die Radischen, die Zwiebel, der Knoblauch und die Kräter kommen nun in eine Schale. Darüber wird die Zitrone ausgepresst. Nun kannst du sicher auch die Rote Bete abgießen und abschrecken. Anschließend muss sie geschält werden.

Kleiner Tipp: Ziehe Handschuhe ab, da die Rote Bete färbt. Die geschälte Rote Bete wird nun in mittelgroße Würfel geschnitten und in die Schüssel mit den Gewürzen, dem Gemüse und dem Knoblauch gegeben. Anschließend gibst du etwas Zitronensaft, den Granatapfelsirup und das Olivenöl hinzu und vermischt alles. Mit Salz und Pfeffer kannst du nachwürzen. Der Salat muss noch ein paar Stunden im Kühlschrank ziehen, bis du ihn genießen kannst.

Hähnchen mit Pilzfüllung

Zutaten für eine Portion

- 2 Hähnchenbrustfilets
- 75 g Kalbshack, sehr fein
- 50 g Shiitakepilze, je nach Wunsch
- 50 g Austernpilze
- 50 g Champingnons, braun
- Achtung: du kannst auch jede andere Pilzsorte nehmen
- 150 g Kartoffeln, mehligkochend
- 500 g Topinambur
- 275 ml Milch
- 1 Eigelb
- 2 EL Schlagsahne
- 2 Schalotten
- 3 Stiele Estragon
- ½ Zitrone
- 20 g Butter
- 1 EL Rapsöl

- 50 ml Apfelsaft
- 75 ml Weißwein oder Traubensaft
- 125 ml Geflügelbrühe
- 125 ml Sojacreme
- Muskatnuss
- Salz und Pfeffer

Dieses Gericht ist zwar aufwendig ,aber absolut gesund und lecker. Der Aufwand wird sich lohnen. Als erstes putzt du die Pilze und schneidest sie in kleine Würfel. Die Schalotten werden ebenfalls fein gehackt und die Zitrone ausgepresst. Nun erhitzt du die Butter in einer Pfanne und dünstest die Pilze und die Schalotten darin an. Das Ganze muss jetzt so lange weitergaren, bis die Flüssigkeit vollständig verdampft ist. Mit etwas Zitronensaft, Salz und Pfeffer würzt du die Massen und lässt alles abkühlen. Nun mischst du das Kalbshack mit Eigelb, Salz und Pfeffer, Schlagsahne und am Ende auch mit der

Pilzmasse und stellst alles kalt. Vom Estragon zupfst du die Blätter ab und hackst sie klein. Eine Hälfte legst du beiseite, die andere kommt zu der Pilzmasse und dem Hack. Die Hähnchenbrust muss abgewaschen und trocken getupft werden. Mit einem scharfen Messer schneidest du die Brust horizontal ein, so dass eine Art Hohlraum entsteht. Am besten bekommst du die Pilzmasse mit einem Spritzbeutel in diesen Hohlraum. Die Öffnung verschließt du anschließend mit einem Zahnstocher. Jetzt schälst du die Kartoffeln und schneidest sie zu Würfeln. Auch das Topinambure muss gewaschen und ordentlich geputzt werden, bevor es in Stücke geschnitten wird. Kartoffeln und Topinambure werden in Milch mit einer Prise Salz zum Kochen gebracht und bei mittlerer Hitze circa 20 Minuten weitergekocht. Eine beschichtete Pfanne wird nun mit etwas Öl erhitzt. Die Hühnerbrust wird mit etwas Salz und Pfeffer gewürzt und scharf angebraten. Im vorgeheizten Backofen bei 200 Grad wird die Hähnchenbrust dann für ungefähr 15 Minuten fertig gegart. In die Pfanne kommt der Apfelsaft und der Weißwein (oder Traubensaft) sowie die Sojacreme und die Geflügelbrühe. Bei mittlerer Hitze muss die Masse nun cremig werden. Jetzt kannst du auch die Kartoffeln und das Topinambure abgießen. Hebe etwas von der Milch auf. Das Gemüse wird nun gestampft oder püriert und mit der aufgefangenen Milch verrührt. Mit Muskatnuss, Salz und Pfeffer kannst du das Püree nachwürzen. Das Estragon kannst du in die Sauce geben und alles leicht schaumig schlagen. Nun wird das Hühnchen in Scheiben geschnitten und mit Sauce und Püree angerichtet.

Kartoffel-Bohnen-Salat mit Matjes

Zutaten für eine Portion

- 700 g Kartoffeln, festkochend
- 300 g grüne Bohnen
- 2 Matjesfilets
- 1 kleine Apfel, rot
- 250 g Dickmilch
- 150 ml Gemüsebrühe
- ½ Bund SChnittlauch
- ½ TL Kümmel
- 2 EL Weißweinessig
- Salz und Pfeffer

Dieses Gericht ist sehr leicht und angenehm zum Mittag, weil es nicht so stopft und der Blähbauch bleibt auch weg. Als erstes werden die Kartoffeln in leicht gesalzenem Wasser und mit dem Kümmel 20 bis 25 Minuten gegart. Damit du sie besser pellen kannst, werden sie danach mit kaltem Wasser abgeschreckt. Die Bohnen werden abgewaschen und geputzt. Dann werden sie schräg in feine Scheiben geschnitten. In der Zwischenzeit kannst du die Gemüsebrühe aufkochen und die Bohnen dann dazugeben. Zugedeckt muss das Ganze dann für ungefähr 15 Minuten garen. Nun schneidest du die Kartoffeln in Scheiben oder Spalten und gibst sie in eine große Schüssel. Wenn du die Bohnen und die Brühe untergemengt hast, lässt du alles abkühlen. Der Schnittlauch muss gewaschen, getrocknet und in feine Röllchen geschnitten werden. Auch den Apfel wäschst du ab und schneidest ihn in feine Spalten. Nun kommen 2/3 des Schnittlauchs, der Essig sowie die Dickmilch zu dem Kartoffel-Bohnen-Gemisch. Mit Salz und Pfeffer wird abgeschmeckt. Die Matjesfilets werden kurz abgespült und getrocknet und anschließend in breite Stücke geschnitten. Die Stücken kommen dann auf den Salat und garnieren kannst du mit dem restlichen Schnittlauch.

Lauwarmer Spargelsalat mit Garnelen

Zutaten für eine Portion

- 400 g grüner Spargel
- 400 g weißer Spargel
- 8 Garnelen, ohne Schale und Kopf
- 150 ml Gemüsebrühe
- 1 Bund Rucola
- 8 Stiele Kerbel
- 1 Knoblauchzehe
- ½ Zitrone
- Salz und Pfeffer
- 2 EL Rapsöl
- Zucker
- 1 EL Walnussöl

Der grüne und der weiße Spargel werden jeweils gewaschen, geschält und von den holzigen Enden befreit. Dann werden die Stangen schräg in lange Stücke geschnitten. Der Rucola wird gewaschen und trocken geschüttelt. Nun werden die Garnelen abgespült und trockengetupft. Dann halbierst du sie längst und löst die Darmfäden heraus. Die Knoblauchzehe wird geschält und gepresst. Ebenso die Zitrone. Von der Kerbel werden die Blätter gezupft. Du musst nun etwas Rapsöl in einer beschichteten Pfanne erwärmen und Spargel sowie Knoblauch bei starker Hitze scharf anbraten. Würzen kannst du mit Salz und Pfeffer. Nun kommt die Gemüsebrühe hinzu und kocht für ungefähr fünf Minuten mit. Als letztes kommen die Garnelen dazu und alles wird noch ein paar Minuten weitergegart. Abgeschmeckt wird mit Salz, Pfeffer und Zitronensaft. Wenn du nun auch noch Rucola, Kerbelblätter und das Walnussöl hinzugefügt hast, kannst du es dir schmecken lassen. Am besten schmeckt der Salat lauwarm.

Rindfleischtaschen mit Paprika

Zutaten für eine Portion

- 2 Scheiben Hüftsteak
- 2 Paprika, gelb
- 2 Frühlingszwiebeln
- 4 TL mittelscharfer Senf
- 1 EL Rapsöl
- 2 TL grüner Pfeffer
- Salz und Pfeffer

Im ersten Schritt halbierst du die Paprika, entkernst sie und wäschst sie gründlich ab. Dann legst du die Hälften auf ein Backblech unter grillst sie ungefähr zehn Minuten, bis die Haut braun wird. Im Anschluss nimmst du die Hälften aus dem Ofen und deckst sie mit einem feuchten Küchentuch ab. In der Abkühlzeit schneidest du die Frühlingszwiebeln in feine Scheiben und gibst sie mit dem grünen Pfeffer in eine kleine Schale. Nun kannst du die Paprikahälften häuten und in Streifen schneiden. Die Paprikastreifen werden zu den Frühlingszwiebeln hinzugefügt. Jetzt würzt du die Hüftsteaks mit Salz und Pfeffer. Auf einer Seite kannst du das Fleisch mit dem Senf einstreichen und die Scheiben quer halbieren. Im Anschluss gibst du die Paprika-Zwiebel-Masse auf das Fleisch. Nun klappst du die Fleischstücken zu Taschen zusammen. Fixieren kannst du alles mit Zahnstochern. Mit etwas Rapsöl bestrichen kommen die Fleischtaschen in eine Aluschale in den Ofen oder auf den Grill. Hier wird alles für ungefähr zehn Minuten gegrillt. Et Voila!

Kartoffel-Möhren-Suppe mit Spargel

Zutaten für eine Portion

- 4 Kartoffeln
- 1 Zwiebel
- 4 Möhren
- 1 Ingwerwurzel
- 400 ml Gemüsebrühe
- 300 g Spargel, weiß
- 2 Orangen
- 3 Stiele Basilikum
- 2 EL Olivenöl
- Salz und Pfeffer

Als erstes putzt du die Möhren, wäscht sie ab und schälst sie. Auch die Zwiebel und der Ingwer müssen geschält werden. Im Anschluss machst du dasselbe mit den Kartoffeln. Ingwer und Zwiebel müssen nun sehr klein gehackt werden. Die Kartoffeln und die Möhren werden in

Würfel geschnitten. In einem Topf wird ein Esslöffel Öl erhitzt und Ingwer und Zwiebel darin angedünstet. Dann erst kommen Kartoffeln und Möhren dazu. Die Menge muss nun ungefähr fünf Minuten dünsten und wird mit Salz und Pfeffer gewürzt. Nach fünf Minuten gibst du die Gemüsebrühe dazu und lässt alles zugedeckt für ungefähr 12 Minuten garen. In der Zwischenzeit wird der Spargel geschält und von den holzigen Enden befreit. Danach wird er in dünne Scheiben geschnitten, am besten schräg. In einer Pfanne wird etwas Öl erhitzt und der Spargel darin bei ungefähr acht Minuten gebraten. Würzen kannst du mit Salz und Pfeffer. Nun halbierst du die Orangen und presst diese aus. Vom Basilikum zupfst du nur die Blätter ab. Die Suppe wird im Topf nun püriert und der Orangensaft hinzugegeben. Oben auf kommt der gebratene Spargel und wird mit etwas

Basilikum bestreut. Leicht, lecker, perfekt!

Gemüseeintopf mit Linsen

Zutaten für eine Portion

- 2 TL rote Linsen
- 2 Möhren
- ½ Kohlrabi
- 2 Frühlingszwiebeln
- 200 ml mediterrane Gemüsebrühe
- ¼ TL Rapsöl
- ½ Bund Petersilie
- ½ EL Balsamessig
- Salz und Pfeffer

Als erstes werden Möhren und Kohlrabi abgewaschen, geputzt und geschält. Beides sollte so klein wie möglich gewürfelt werden. Auch die Frühlingszwiebeln werden abgewaschen und in Ringe geschnitten. In einem Topf mit etwas Öl wird das Gemüse für ungefähr fünf Minuten gedünstet. Dann kommen ungefähr 100 Milliliter Wasser und die Linsen hinzu. Das Ganze muss für circa zehn Minuten kochen, ehe die Brühe, Salz und Pfeffer hinzukommt. Die Gemüsesuppe wird nun mit dem Essig abgeschmeckt und nachgewürzt. Anschließend wird alles mit der frischen Petersilie bestreut und angerichtet.

Omelett mit Ziegenkäse, Tomaten und Rucola

Zutaten für eine Portion

- 2 Eier
- 4 Eiweiße
- 1 handvoll Rucola
- 2 Tomaten
- 50 g Ziegenkäse
- 1 TL Olivenöl
- Salz und Pfeffer

Die vier Eiweiße und die zwei Eier werden mit einem Schneebesen vermischt. Der Rucola wird gewaschen mit grob gehackt. Die Tomaten werden von dem Stielansatz befreit, abgewaschen und in Scheiben geschnitten. Nun musst du eine beschichtete Pfanne mit etwas Öl ausstreichen und die Eimasse hinzugeben. Mit Salz und Pfeffer würzt du das Omelett. Nun wartest du, bis das Ei stockt und wendest es. Jetzt bröckelst du den jungen Ziegenkäse ganz vorsichtig über das Omelett. Auf einem Teller wird das Omelett nun mit den Tomatenscheiben und dem frischen Rucola bestreut und fertig.

Gemüse-Reis-Pfanne

Zutaten für eine Portion

- 125 g Paellareis
- 10 Kirschtomaten
- 1 Kohlrabi
- 2 Möhren
- 1 Paprikaschote, rot
- 2 Zwiebeln
- 425 ml GEmüsebrühe
- 1 Knoblauchzehe
- 2 EL Olivenöl
- ½ Zitrone
- 100 g Joghurt
- 2 Frühlingszwiebeln
- Salz und Pfeffer
- Paprikapulver

Als erstes werden die Möhren und der Kohlrabi geputzt, geschält und in Würfel geschnitten. Auch die Paprikaschote und die Zwiebeln werden in kleine Würfel geschnitten, der Knoblauch muss fein gehackt werden. Die Tomaten werden nur abgewaschen. Nun wird etwas Öl in einer Pfanne erhitzt und Knoblauch und Zwiebeln darin gedünstet, bis beides glasig wird. Dann kommen Paprika, Möhren und Kohlrabi hinzu und für zwei weiter Minuten gedünstet. Im Anschluss kommen die Reiskörner dazu und mit Paprikapulver gewürzt. Alles muss weiterhin dünsten. Nun wird die Brühe hinzugegeben und zum Kochen gebracht. Unter rühren wird mit Salz und Pfeffer gewürzt. Jetzt musst due die Reispfanne für ungefähr zehn Minuten in den vorgeheizten Backofen bei 180 Grad geben. Dann kommen die Tomaten oben auf und das Ganze bleibt für weitere zehn Minuten im Ofen. In der Zwischenzeit vermischst du den Joghurt mit etwas

Paprikapulver und einem TL Zitronensaft sowie Salz und Pfeffer. Die Frühlingszwiebeln werden in feine Ringe geschnitten und auf die fertige Reis-Pfanne gestreut. Der Paprikajoghurt bildet das Topping für dieses ausgewogene Gericht zum Mittag.

Gefüllte Putenschnitzel auf Blattspinat

Zutaten für eine Portion

- 6 Putenschnitzel, dünn geklopft
- 3 Scheiben Parmaschinken
- 400 g junger Blattspinat
- 1 Zwiebel
- 2 El Olivenöl
- 3 TL Crema di Balsamico
- 1 Stiel von Salbei
- Salz und Pfeffer

Der Parmaschinken wird jeweils quer halbiert. Die Putenschnitzel müssen mit einem Stück des Schinkens und je einem Salbeiblatt belegt werden. Nun werden die Schnitzel zusammengeklappt und mit einem Zahnstocher fixiert. Oben auf würzt du mit etwas Salz und Pfeffer. Der Blattspinat muss gewaschen werden und abtropfen. In der Zwischenzeit kannst du die Zwiebel schälen und in feine Würfel schneiden. Die Schnitzel kommen nun in eine vorgeheizte Pfanne und werden circa vier Minuten von jeder Seite angebraten. In einem Topf erhitzt du etwas Olivenöl und dünstest die Zwiebelwürfel darin an, bevor du den Spinat dazugibst und mit Salz und Pfeffer würzt. Das Ganze bleibt so lange im Topf, bis der Spinat zusammengefallen ist. Nun werden die Putenschnitzel mit der Crema di Balsamico beträufelt und mit dem Spinat serviert.

Rezepte fürs Abendessen

Mit dem Abendessen klingt der Tag aus und die meisten Menschen wünschen sich eine sättigende aber dennoch leichte Kost zu dieser Mahlzeit. Niemand möchte mit vollem Magen und Schweregefühl ins Bett gehen. Aber auch für die glutenfreie Ernährung am Abend gibt es zahlreiche Rezepte, die lecker, gesund und ausgewogen zugleich sind.

Ofentomaten mit Thunfisch-Kapern-Creme und Salat

Zutaten für eine Portion

- 800 g Tomaten, am besten Eiertomaten
- 270 g Thunfisch, natürlich
- 150 g Joghurt
- 40 g Kapern
- 125 g saure Sahne
- 2 Knoblauchzehen
- 1 Zweig Thymian und Rosmarin
- 2 EL Olivenöl
- ½ Zitrone
- 1 Stange Staudensellerie
- Salz und Pfeffer
- Feiner Blattsalat, eine Handvoll

Im ersten Schritt musst du die Tomaten abwaschen und halbieren, bevor du den

Stielansatzund die Kerne entfernst. Den Knoblauch schälst du und hackst ihn klein. Zusammen mit dem Thymian, dem Rosmarin, Salz, Pfeffer und einem Esslöffel Olivenöl wird nun alles in einer Schüssel vermengt. Die Masse kommt über die Tomaten und diese werden dann mit der flachen Seite nach unten auf ein Backblech oder gitter gelegt. Im vorgeheizten Backofen müssen die Tomaten nun bei 110 Grad zwei bis drei Stunden gedörrt werden. Danach werden sie herausgenommen und müssen abkühlen. Nun lässt du den Thunfisch abtropfen und mischt ihn mit dem Joghurt, der sauren Sahne, etwas Olivenöl, einem Esslöffel Zitronensaft und den abgetropften Kapern. Die Creme wird dann mit Salz und Pfeffer gewürzt. Der Staudensellerie muss entfädelt und in feine Scheiben gehobelt werden. Dann putzt du den Blattsalat und schneidest ihn so, wie du möchtest. Mit den Tomaten wird der Salat mit der Thunfisch-Kapern-Creme auf einem Teller angerichtet und mit Sellerie bestreut.

Fischspieße mit marokkanischer Würzmarinade

Zutaten für eine Portion

- 400 g Steinbeißerfilet
- 200 g Schwertfischfilet
- Achtung: du kannst auch andere Fischsorten wählen
- 1 Zwiebel
- 3 Knoblauchzehen
- 1 Bund Koriander
- 1 Limette
- ½ TL Koriandersamen
- 1 Tüte Safranfäden
- 1 EL Rotweinessig
- 3 EL Olivenöl
- 1 TL Kreuzkümmel
- 5 schwarze Pfefferkörner
- 2 Chilischoten, getrocknet
- Meersalz

Als erstes werden die Pfefferkörner, der Kreuzkümmel sowie die Koriandersamen in einer Pfanne angeröstet. Die Safranfäden sowie die getrocknete Chili werden möglichst fein gemahlen. Die Knoblauchzehen und die Zwiebel werden geschält und ebenfalls kleingehackt. Vom frischen Koriander brauchst du nur die Blätter, die du ganz fein hackst. Die gemahlenen Gewürze werden mit dem Knoblauch, dem Koriander, der Zwiebel sowie mit drei Esslöffeln Limettensaft und dem Essig und Olivenöl zu einer Würzmischung verrührt und mit Meersalz abgeschmeckt. Die Fischfilets werden jeweils abgewaschen und trockengetupft, bis sie in mundgerechte Würfel geschnitten werden. Nun wird der Fisch in der Würzmischung gewendet und für ein bis zwei Stunden im Kühlschrank gelagert. Dann werden die marinierten Fischstückchen auf einen

Schaschlickspieß gesteckt und in einer Grillpfanne von beiden Seiten angebraten. Serviert wird das leckere marokkanische Gericht dann mit der Würzmischung, die auch Chermoula genannt wird.

Gemüsesalat mit Thunfischsauce und Eiern

Zutaten für eine Portion

- 0,5 kg Kartoffeln, festkochend
- 185 g Thunfisch, natürlich
- 40 g Kapern
- 500 g Möhren
- 200 g Erbsen, tiefgekühlt
- 150 g grüne Bohnen
- 1 Zwiebel, rot
- 150 g saure Sahne
- 300 g Joghurt
- 4 Eier
- 3 EL Olivenöl
- ½ Zitrone
- Salz und Pfeffer

Als erstes werden die Kartoffeln geputzt und mit Schale wie gewohnt gekocht.

Danach müssen sie abkühlen, um dann gepellt zu werden. Die Eier werden in kochendes Wasser gelegt und für circa neun Minuten gekocht, bis sie hart sind. Dann werden sie abgeschreckt. Der Thunfisch muss abtropfen, ebenso die Kapern. Beides wird dan mit dem Saft der halben Zitrone, der sauren Sahne, dem Joghjurt und etwa Olivenöl in eine Schale gegeben und mit dem Stabmixer püriert. Mit Salz und Pfeffer kannst du abschmecken, bevor die Masse kalt gestellt wird. Die Möhren werdne geschält und in feine Würfel geschnitten, bevor sie für fünf bis sechs Minuten gekocht werden. Nach drei Minuten Kochzeit werden die Erbsen hinzugefügt. Alles muss dann gut abtropfen. Die Bohnen werden in kochendem Wasser ungefähr acht Minuten gekocht und müssen ebenfalls abtropfen, bevor es weitergeht. In der Zwischenzeit kannst du die

Zwiebeln schälen und ganz fein hacken. Nun gibst du etwas Essig und die doppelte Menge Wasser dazu in einem Topf zum Kochen und kochst die Zwiebeln darin für circa eine Minute. Nun kannst du die kalten Kartoffeln in Würfel schneiden. Das Gemüse wird in der Zwischenzeit mit der Sauce vermsicht und mit Salz, Pfeffer und Zitronensaft abgeschmeckt. Jetzt kannst du auch die Eier pellen und je nach Belieben teilen und den Salat damit garnieren. Guten Appetit!

Frischkäsebällchen mit Spinat und Tomatensalat

Zutaten für eine Portion

- 50 g Ziegenfrischkäse, fein
- 50 g Magerquark
- 250 g Blattspinat
- 1 kleiner Radicchio
- 2 Tomaten
- 1 Orange
- ½ Bund Basilikum
- 1 EL Olivenöl
- 1 EL Balsamessig
- Salz und Pfeffer

Im ersten Schritt werden Radicchio und Spinat gewaschen und getrocknet. Der Radicchio muss in schmale Streifen geschnitten werden, bevor er mit dem Spinat in eine Schale kommt. Die Tomaten wäschst, halbierst und entkernst du, ehe du sie in schmale Spalten schneidest und zum Salat hinzufügst. Nun schälst du die Orange so gut wie möglich, damit kaum noch Weißes zu sehen ist. Das Fruchtfleisch musst du aus den Häuten lösen und möglichst den Saft der Orange auffangen. Nun mischt du das Fruchtfleisch der Orange mit dem Salat. Vom Basilikum zupfst du ein paar Blätter ab und schneidest sie in feine Streifen. Als nächstes mischst du den Ziegenfrischkäse mit dem Basilikum und dem Magerquark in einer Schüssel. Du kannst die Masse dann mit Salz und Pfeffer abschmecken. Nun formst du aus der Masse kleine Bälle. In den Orangensaft rührst du etwas Pfeffer, Salz, Essig und Öl – und schon hast du einen leckeren Dressing. Den Salat mit dem Dressing beträufeln und die Käsebällchen obenauflegen.

Kaltes Zucchinisüppchen mit Sonnenblumenkernen

Zutaten für eine Portion

- 4 Zucchini
- 600 ml Gemüsebrühe
- 1 gehäufter EL Sonnenblumenkerne
- 150 g Joghurt
- 1 Stange Lauch
- 2 Knoblauchzehen
- 4 Stiele Salbei
- 2 Zweige Thymian
- 1 ½ EL Olivenöl
- 1 ½ TL weißer Balsamessig
- 1 TL Honig
- Salz und Pfeffer
- Paprikapulver, edelsüß

Als erstes werden die Zucchini geputzt. Eine legst du zur Seite und die anderen schneidest du in große Würfel. Der Lauch wird in der Länge halbiert, geputzt und in breite Streifen geschnitten. Der Knoblauch wird geschält und gepresst. Vom Salbei und Thymian brauchst du die Blätter. Bitte lege einige Blätter des Salbeis beiseite. Die anderen Kräuter werden alle fein gehackt. Nun erhitzt du in einem Topf einen Esslöffel Olivenöl und dünstest die Zucchini, den Knoblauch, den Lauch und die Kräuter darin an. Dann gießt du die Gemüsebrühe dazu und kochst alles einmal auf. Die Masse sollte für ungefähr 15 Minuten bei mittlerer Hitze köcheln. Danach muss alles gut abkühlen. Die Zucchini, die du beiseite gelegt hast, schneidest du in der Zeit in Scheiben. In einer beschichteten Pfanne erhitzt du das restliche Olivenöl und brätst diese Zucchinischeiben darin an. Auch die beiseite gelegten Salbeiblätter kommen in diese Pfanne. Dann kommt etwas Salz,

Pfeffer und der Balsamessig hinzu und du nimmst alles aus der Pfanne. Nun kannst du die Pfanne – am besten vom Öl befreit – nutzen, um die Sonnenblumenkerne zu rösten, bis diese goldbraun sind. Am Ende streust du etwas Paprikapulver über die Kerne und gibst alles zum Abkühlen auf einen Teller. Nun pürierst du das gekochte Gemüse, gibst den Joghurt dazu und pürierst alles nochmals. Abschmecken kannst du mit Salz, Pfeffer und Honig. Die Masse muss für mindestens eine Stunde kalt gestellt werden. Nach dem Ziehen kannst du die kalte Zucchinisuppe mit Salz und Pfeffer nochmals abschmecken. Serviert wird das kalte Süppchen dann mit der Zucchini-Salbei-Mischung und den Sonnenblumenkernen als Topping.

Rezepte für Desserts

Desserts dürfen natürlich nicht fehlen, wenn es um leckere Rezepte geht. Und es gibt auch zahlreiche glutenfreie Varianten.

Beerendessert

Zutaten für vier Portionen

- 350 g Beeren nach Wahl (Himbeeren, Brombeeren, Erdbeeren, Heidelbeeren etc.)
- 3 EL Zucker oder Agavendicksaft
- ½ TL Zitronenschale
- 200 g Naturjoghurt
- 75 g Mascarpone
- 1 TL Vanillezucker
- 1 Ei
- 1 TL Pinienkerne

Als erstes musst du die gewählten Beeren mit etwas Zucker und der geriebenen Zitronenschale vermischen. Auch den

Naturjoghurt vermischt du – mit dem Vanillezucker und der Marcarponecreme. Nun schlägst du das Ei mit zwei Esslöffeln Zucker schaumig und diese Eiercreme hebst du vorsichtig unter die Joghurtcreme. Nun füllst du die Beeren in ein Schälchen und gibst die Joghurtcreme oben drauf. Die Pinienkerne kannst du in einer Pfanne anrösten und als Topping für dieses Dessert nehmen. Alternativ gehen auch Minzeblätter oder frische Beeren.

Apfeltörtchen im Glas

Zutaten für vier Portionen

- 3 Äpfel
- ½ Tasse Apfelsaft
- 1 TL Zitronensaft
- 1 EL Pfeilwurzelstärke
- 1 Tasse Mandeln
- 1/8 Tasse Kokosöl
- 1/8 TL Vanille Stevia
- 1/8 TL Salz
- 1 Prise Zimt

Als erstes musst du deinen Backofen auf 180 Grad vorheizen. Für die Törtchen brauchst du Einweckgläser, im besten Fall mit großer Öffnung und ungefähr tassengroß. Diese Einweckgläser stellst du auf ein Backblech. Die Mandeln werden mit Salz gemischt, ehe auch das Stevia und das Kokosöl hinzugefügt werden.

Jetzt müsste ein Teig entstehen. Du legst ihn auf ein Backpapier und lässt ihn ungefähr 20 Minuten im Gefrierfach ziehen. In dieser Zeit geht es an die Füllung. Hierfür werden Apfelsaft, Apfelstückchen, Pfeilwurzelmehl, Zimt und Zitronensaft in eine Schüssel gegeben und vermengt. Diese Mischung füllst du dann in die Einweckgläser, am besten bis zum Rand. Falls noch Saft in der Schüssel ist, kannst du diesen mit in die Einweckgläser füllen. Nun kommt der Teig aus dem Gefrierfach und wird zwischen zwei Lagen Backpapier gelegt. Das Backpapier musst du vorab mit den gemahlenen Mandeln einstreuen. Der Teig muss nun zu mindestens sechs Millimetern Dicke ausgerollt werden. Nun entfernst du die obere Lage Backpapier und stichst mit der Öffnung eines Glases die benötigte Anzahl an Teigkreisen aus. Diese Teigkreise legst du jeweils auf ein

Glas mit der Apfelmasse. Das Ganze muss nun bis zu 50 Minuten im vorgeheizten Ofen backen. Fertig sind die Törtchen, wenn sie leichte Blasen werfen und der obere Rand goldbraun ist. Am besten schmecken die Törtchen noch warm.

Quinoa-Quark-Auflauf

Zutaten für eine Portion

- 150 g Quinoa
- 100 ml Milch
- 2 Orangen
- 2 Eier
- 1 EL Rohrzucker, braun
- 500 g Magerquark
- ½ TL Zim
- ½ TL Ingwer, gemahlen
- 1 TL Keimöl
- 2 EL Rosinen
- 2 Kiwis
- 2 Bananen
- 1 Apfel

Als erstes gibst du das Quinoa in ein Sieb und spülst es ordentlich ab. Dann kochst du es mit Wasser und der Milch in einem

Topf kurz auf und lässt es zugedeckt für ungefähr eine viertel Stunde garen. Dann schaltest du den Herd aus und lässt das Ganze noch weitere fünf Minuten zugedeckt quellen, bevor es im Topf abkühlen muss. Die Orange wäscht du mit heißem Wasser ab und reibst sie trocken. Nun reibst du ungefähr ¼ der Schale ab. Bei den Eiern trennst du das Eiweiß und gibst es in ein hohes Gefäß, bevor du es steifschlägst und mit Zucker süßt. Das Eigelb wird mit dem Quark und dem Quinoa vermengt. Gewürzt wird dann mit der abgeriebenen Schale der Orange, dem Ingwer und dem Zimt. Dann erst hebst du das steife Eiweiß unter und schmeckst ab. Nun musst du eine mit Öl eingefettete flache Auflaufform mit der Quinoa-Quark-Masse befüllen. Die Fomr kommt dann für ungefähr eine halbe Stunde in den vorgeheizten Backofen (200 Grad). Nun schälst du die Orange bestmöglich, damit kaum noch Weißes zu sehen ist. Dann musst du das Fruchtfleisch aus den Häuten schneiden und den Saft aufheben. In denSaft kommt das Fruchtfleisch und grob gehackte Rosinen. Jetzt schälst du die Kiwis und schneidest sie in die gewünschte Form. Auch den Apfel schneidest du in mundgerechte Stücke. Die Banane schneidest du in feine Scheiben. Kiwi, Banane und Apfel kommen nun zu der Orange. Das Obst muss nun einige Minuten ziehen. Den Obstsalat kannst du dann zum fertigen Auflauf servieren.

Beeren-Eis

Zutaten für eine Portion

- 350 g Beeren, gemischt, auch TK möglich
- 125 ml Buttermilch
- ½ Zitrone
- 4 EL Honig
- 1 TL Zimt
- 2 Stiele Zitronenmelisse

Zuerst gibst du die Beeren in ein höheres Gefäß. Bei Tiefkühl-Beeren musst du diese erst etwas antauen lassen. Dann vermischst du die Buttermilch, den Honig, ein bis zwei Esslöffel Zitronensaft und Zimt miteinander. Die Buttermilchmischung kommt nun zu den Beeren und du musst jetzt alles bis zur gewünschten Sämigkeit pürieren. Das Eis kommt für zehn Minuten (oder auch länger) ins Gefrierfach. Die Blätter der Zitronenmelisse kannst du zur Garnitur nehmen. Das Eis kannst du im Schälchen essen oder aber du nimmst eine Eiskugelkelle und besorgst dir (getreidefreie) Eishörnchen. Hauptsache ist, dass es dir schmeckt und als Dessert ist das Eis nicht nur lecker, sondern auch leichte Kost.

Rezepte für Snacks für zwischendurch

Nusshörnchen

Zutaten für eine Portion
- 200 g Doppelrahmfrischkäse
- 200 g Butter

- 300 g glutenfreies Mehl
- 100 g Zucker, weiß
- 100 g Zucker, braun
- 200 g Haselnüsse, gemahlen
- 1 Prise Salz

Für diesen Snack musst du den Frischkäse mit der Butter, dem Mehl und einer Prise Zucker zu einem glatten Teig vermischen. Dieser Teig muss dann in Frischhaltefolie gewickelt für mindestens zwei Stunden im Kühlschrank ziehen. Besser ist, wenn der Teig über Nacht zieht. Nun wird der Teig in vier Portionen unterteilt. Gleichzeitig vermischst du den Zucker mit den gemahlenen Haselnüssen und verstreust ¼ dieses Gemisches auf der Arbeitsfläche. Jetzt legst du ein Viertel des Tieges darauf und rollst den Teig über das Gemisch aus. Rolle den Teig nicht zu dünn aus, damit dieser nicht reißt. Den ausgerollten Teig musst du im nächsten

Schritt in gleich große Stücke teilen. Den restlichen Teig verarbeitest du weiter, bis nichts mehr übrig ist. Nun rollst du die Tortenstücke von der breiten Seite beginnend zu Hörnchen. Diese legst du auf ein mit Backpapier ausgelegtes Backblech. Du kannst noch etwas von der Zucker-Nuss-Mischung über die Hörnchen streuen, wenn du möchtest. Dann kommt alles in den vorgeheizten Backofen und muss bei 180 Grad eine Viertel Stunde backen. Die Hörnchen sind fertig, wenn sie goldbraun sind.

Geflügelsticks

Zutaten für eine Portion

- 400 g Hähnchen- oder Putenfleisch
- 70 g Frischkäse
- 1 Ei
- 50 ml Milch
- 100 g glutenfreie Cornflakes
- 15 g Sesam
- 3 Scheiben glutenfreies Brot
- Salz und Pfeffer
- Paprikapulver, edelsüß
- Rapsöl

Für diesen leckeren Snack brauchst du nicht viel Zeit. Die Sticks kannst du sowohl warm als auch kalt genießen und sie sind als Fingerfood ideal auch für unterwegs oder die Arbeit. Als erstes musst du das Fleisch in Würfel schneiden. Die Brotscheiben müssen entrindet und ebenfalls in Würfel geschnitten werden. Nun vermengst du das Fleisch und die Brotwürfel mit dem Paniermehl, der Milch und dem Frischkäse. Alles zusammen wird dann ganz klein gemixt. Im Anschluss würzt du die Masse mit Paprikapulver, Salz und Pfeffer . Nun formst du aus der Masse längliche Sticks und legst diese auf ein Brett. Das Ei wird auf einem Teller verschlagen. Die Cornflakes gibst du in einen Beutel und zerdrückst alles mit der Hand in kleine Stücken. Glutenfreie Cornflakes sind besser zu zerkleinern, da sie kleiner sind als glutenhaltige Cornflakes. Die zerkleinerten Flakes schüttest du ebenfalls in einen Teller und mischt das Sesam unter. Nun wälzt du die GEflügelsticks zuerst in dem Ei und dann in der Cornflakes-Sesam-Mischung. Die fertigen Sticks werden nun in einer Pfanne mit heißem Rapsöl angebraten und bis zu

20 Minuten weitergegart. Du musst die Sticks ab und zu umdrehen, damit alle Seiten gleichmäßig gebraten werden.

Hackfleisch-Muffins

Zutaten für eine Portion

- 500 g Hackfleisch vom Rind
- 50 g Mais, geschrotet oder glutenfreies Semmelmehl
- 2 geschälte Tomaten
- 1 Zwiebel
- 1 Knoblauchzehe
- 50 g Paprika, grün
- Salz und Pfeffer
- ¼ TL Kreuzkümmel, geschrotet
- 1 Ei
- 130 g Bergkäse oder Mozarella
- Butter oder Öl

Als erstes musst du deinen Backofen auf 180 Grad vorheizen und das Muffinblech mit der Butter oder Öl einreiben. Dann machst du dich an die Zubereitung der Muffins. Zunächst schälst du die Zwiebel und hackst diese in feine Stücke. Die Knoblauchzehe wird gepresst und die Paprika in kleine Würfel geschnitten. Die Tomate musst du erst mit kochendem Wasser überschütten, damit du sie besser häuten kannst. Im Anschluss hackst du sie in kleine Würfel. Schneide den Strunk am besten vorher raus. Nun mischst du das Rinderhackfleisch mit dem geschroteten Mais, dem Ei und gibst Salz, Pfeffer und Kreuzkümmel hinzu. Jetzt hebst du alle anderen Zutaten unter. Den Käse schneidest du, je nach Wunsch, in kleine Würfel oder Streifen. Nun verteilst du die Hackfleischmasse in die Muffinformen und drückst in jeden Muffin ein Stück Käse. Nach bis zu 30 Minuten auf mittlerer Schiene im Ofen sind die Muffins fertig. Sie können sowohl kalt als auch warm genossen werden und sind auch perfekt für unterwegs oder das Büro.

Rezepte für Snacks für Partys

Geröstete Kichererbsen

Zutaten für eine Portion
- 1 Dose Kichererbsen
- 1 EL Meersalz
- 1 EL Olivenöl
- 2 TL Gewürzmischung, je nach Belieben, zum Beispiel Curry, Chili etc.

Dieses Rezept ist nicht nur glutenfrei. Die Kichererbsten als Knabbersnack für Partys werden zudem ohne Nüsse und Eier zubereitet, sind laktosefrei und sehr gesund. Zuerst heizt du deinen Backofen auf 200 Grad vor. Dann machst du dich an die Kichererbsen. Diese müssen gut abgespült und abgetropft werden. Im

Notfall tupfst du sie vorsichtig trocken, ohne sie zu zerdrücken. Du füllst die Kichererbsen nun in einen verschließbaren Beutel, zum Beispiel einen Gefrierbeutel. Dort hinein gibst du auch das Olivenöl und schüttelst alles gut durch. Dann verteilst du die Kichererbsen auf dem Backbleck und schiebst es für 30 bis 45 Minuten in den Ofen. Du musst die Kichererbsen alle zehn Minuten wenden oder verteilen, damit sie nicht anbrennen. Du siehst, wenn sie knusprig sind und dann kannst du sie aus dem Ofen holen. Jetzt gibst du die gerösteten Kichererbsen in eine Schüssel und bestreust alles mit den Gewürzen deiner Wahl, bis alles gut verteilt ist. Und fertig ist die leckere Knabberei für deine Party.

Pfannkuchenspieße mit Pesto

Zutaten für zwei bis vier Pfannkuchen

- 2 Eier
- 100 g glutenfreies Mehl
- 100 ml Milch
- 100 ml Wasser
- Öl
- Salz
- Italienische Kräuter
- Rotes und grünes Pesto

Du verrührst als erstes die Eier, das Mehl, die Milch und das Wasser zu einem glatten Teig. Dieser sollte erst mindestens eine halbe Stunde ziehen, bevor du weitermachst. Wenn der Teig zu flüssig ist, kannst du etwas mehr Mehl hinzufügen. Der Teig kann in einer Pfanne mit Öl von beiden Seiten gebraten werden. Die fertigen Pfannkuchen müssen abkühlen, bevor sie weiter bearbeitet werden können. Für das Pesto kannst du gekaufte Pestos nachwürzen oder mischen – je nach Belieben. Das Pesto streichst du in einer dünnen Schicht auf die Pfannkuchen und legst einen zweiten Pfannkuchen oben auf. Dann halbierst du alles und bestreichst die andere Hälfte mit dem Pesto und stapelst eine zweite Hälfte darauf. Diesen Vorgang kannst du so oft du möchtest, wiederholen. Die Pfannkuchen können dann nochmal geteilt oder eingerollt werden, bevor sie auf die Spieße kommen. Hier kannst du variieren wie du möchtest. Du kannst auch statt dem Pesto andere Zutaten zum Belegen wählen, wie zum Beispiel Spargel und Kochschinken oder Käse. Die Spieße schmecken sowohl warm, als auch kalt und sind ein schöner, mundgerechter Partyhappen.

Glutenfreie Grissini

Zutaten für eine Portion

- 250 g glutenfreies Mehl
- 1 TL Flohsamenschalen
- 200 ml Wasser
- 1 TL Zucker
- 1 EL Olivenöl
- 10 g Hefe, frisch
- 1 TL Salz
- Sesam, Mohn, grobes Salz – je nach Belieben als Topping

Grissini sind eine schöne Snackvariante für jede Party und sehr beliebt. Für die glutenfreie Variante braucht es auch nicht viel Aufwand. Als erstes gibst du das Mehl, die Flohsamenschalen und das Salz in eine Schüssel und vermischst alles gut. In der Mitte lässt du eine kleine Kuhle, in die du die Hefe hineinbröselst. Dann streust du Zucker draüber und fügst 1/3 des Wassers hinzu. Am besten ist das Wasser lauwarm. Mit einem Löffel kannst du die Hefe mit dem Wasser vermischen. Dann fügst du das Öl und das restliche Wasser hinzu. Alles muss zu einem glatten Teig geknetet werden. Der Teig ist perfekt, wenn er sich leicht von der Schüssel lösen lässt. Nun rollst du den Teig zu einem Rechteck aus. Am besten streust du getreidefreies Mehl darunter. Ausgerollt muss der Teig nun für ungefähr zehn Minuten abgedeckt ruhen. Dann schneidest du circa einen Zentimeter bereit Streifen aus dem Teig. Nun bestreust du ein Backblech mit Mohn, Salz oder Sesam – je nachdem, wie du die Grissinis haben willst. Die Teigstreifen drehst du spiralförmig ein und legst sie auf das eingestreute Backblech. Wenn du die Sticks mit Wasser einsprühst und alles nochmals bestreust, hält das Topping besser. Die Grissini kommen nun in den auf 220 Grad vorgeheizten Backofen und sind nach circa einer viertel Stunde goldbraun gebacken.

Mini-Lauch-Quiche

Zutaten für eine Portion
- ½ Paket glutenfreier Blätterteig
- 2 Eier
- 200 ml Sahne
- 50 g gekochter Schinken
- 1 Stange Lauch
- Salz und Pfeffer
- Muskatnuss

Für diesen leckeren Fingerfood-Snack brauchst du nicht viel Zeit. Wenn du tiefgekühlten Blätterteig gekauft hast, muss dieser erst auftauen. In der Zeit kannst du den Lauch waschen und der Länge nach aufschneiden und dann in Ringe schneiden. Der Lauch wird mit Salz bestreut und für eine halbe Stunde ruhen gelassen. Nun schneidest du den Kochschinken in feine Würfel. Den Lauch kannst du nach der Einwirkzeit in ein Sieb legen und kurz mit Wasser abspülen. Dann gibst du die Schinkenwürfel dazu. Nun kannst du die Muffinform mit Butter oder Öl einstreichen oder mit Backpapier auslegen. Als nächstes wird der Blätterteig ausgerollt und mit einem Glas oder Ausstecher werden runde Formen ausgeschnitten, die größer sein müssen, als die Muffinform ist. In der Zwischenzeit heizt du deinen Backofen auf 180 Grad vor. Nun verrührst du die Eier mit der Sahne und würzt alles mit Salz, Pfeffer und etwas Muskatnuss. Als nächstes drückst du den ausgestochenen Teig in die Muffinform und füllst diese mit der Schinken-Lauch-Mischung und der Sauce aus Ei und Sahne. Die Quiche wird nun für ungefähr 30 Minuten in den Ofen geschoben. Die Törtchen schmecken sowohl warm als auch kalt. Guten Appetit!

Rezepte für besondere Anlässe

Besondere Anlässe hat jeder mal. Für Menschen, die sich glutenfrei ernähren, sind solche Anlässe oft schwierig. Aber es gibt auch glutenfreie Rezepte, die ideal für besondere Anlässe sind und auch denjenigen schmecken werden, die alles essen.

Cheesecake-Törtchen mit Karamell

Zutaten für zehn Stück
- 125 g Mandeln, gemahlen
- 100 g Zucker
- 450 g Frischkäse
- 2 ½ Eier
- 50 g Butter, geschmolzen

- 1 Prise Meersalz
- 1 Prise Zimt
- 1 Prise Natron
- 1 Prise Vanille-Extrakt
- Wasser
- 1 gehäufter TL Butter
- 100 ml Kondensmilch

Diese Törtchen sind ein wahrer Augen- und Gaumenschmaus für jeden besonderen Anlass. Als erstes heizt du deinen Backofen auf 175 Grad vor. Dann vermischt du Mandeln, 45 g Zucker und je eine Prise Salz, Natron und Zimt. Dann erst fügst du die geschmolzene Butter hinzu und verrührst alles zu einem glatten Teig. Diesen Teig verteilst du dann gleichmäßig auf deine Muffinförmchen und lässt alles bei 150 Grad im Ofen für ungefähr zehn Minuten backen. In der Zwischenzeit vermischt du den Frischkäse mit den Eiern, 50 Gramm Zucker und dem Vanille Extrakt. Diese Masse gibst du auf den Mandelboden in den Muffinförmchen und lässt alles noch einmal weitere 40 Minuten backen. Danach lässt du die Törtchen abkühlen. In der Zeit kannst du einen kleinen Klecks Wasser und etwas Zucker zum Kochen bringen und unter ständigem Rühren köcheln lassen. Die Hitze musst du dann nach drei Minuten herunterschalten. Das Zuckerwasser wird irgendwann braun. Nun fügst du die Kondensmilch hinzu und lässt alles nochmals kurz aufkochen und ebenfalls abkühlen. Jetzt kannst du die Cheesecake-Törtchen mit etwas Karamell begießen. Einfach lecker!

Erdnussbutter-Cookies

Zutaten für ein Backblech

- 1 Ei
- 225 g Zucker
- 260 g Erdnussbutter
- 1 TL Vanille Extrakt
- ½ TL Natron

In diesen Cookies ist weder Mehl noch Speisestärke. Glutenfreier geht es kaum. Allein Erdnussbutter sorgt für die gewollte Süße. Und die Cookies haben definitiv Suchtpotenzial. Als erstes heizt du deinen Backofen auf 175 Grad vor. Dann wird es einfach: Du musst nur alle Zutaten miteinander mischen und zu einem cremigenTeig verrühren. Mit einem Teelöffel bekommst du die Cookie-typischn Nocken. Die ausgestochenen Cookies legst du nun gut verteilt auf ein Backblech. Du kannst sie mit einer Gabel noch leicht andrücken, damit sie flacher gebacken werden. Dann bestreust du alles mit etwas Zucker und nach zehn Minuten im Ofen sind die Cookies fertig für jeden besonderen Anlass.

Schokoladenkuchen

Zutaten für eine Kastenbackform

- 200 g Butter, weich oder Margarine
- 200 g Zucker
- 6 Eier
- 50 ml Speiseöl
- 1 Pkg. Vanillezucker
- 1 Prise Salz
- 80 – 100 ml Milch
- 2 EL Kakaopulver
- 250 g glutenfreies Mehl
- 1 Pkg. Backpulver
- 200 g Schokostreusel

Für die Dekoration

- 200 g Kuvertüre, weiß
- 50 g Zartbitterkuvertüre

- Früchte, zum Beispiel Erdbeeren, Blaubeeren, Physalis, Himbeeren etc.

Dieser Schokoladenkuchen ist einfach traumhaft. Er kann je nach Geschmack dekoriert und glasiert werden und ist einfach ein Blickfang. Dabei ist er so einfach zu backen. Zuerst musst du die Butter mit dem Speiseöl, dem Vanillezucker, einer Prise Salz und Zucker in einer Schüssel cremig schlagen. Dann kommen nach und nach die Eier hinzu, bis eine dickflüssige, schaumige Masse entstanden ist. Nun mischst du Mehl, Backpulver und Kakao und rührst alles mit der Milch und den Schokostreuseln in die schaumige Masse. Die Backform solltest du vorher mit Butter einfetten und den Boden zusätzlich mit Backpapier auslegen. Nun füllst du den Teig in die Backform und lässt den Kuchen im vorgeheizten Backofen für ungefähr eine Stunde bei 180 Grad backen. Am besten merkst du, ob der Kuchen durchgebacken ist, wenn du die Stäbchenprobe machst. Wenn der Kuchen fertig ist, nimmst du ihn aus dem Ofen und lässt ihn in der Backform auskühlen. Wenn der Kuchen ausgekühlt ist, kannst du ihn auf eine Platte oder einen Teller legen und ihn verzieren. Am besten macht sich das mit Kuvertüre, die du in einem heißen Wasserbad schmelzen lässt. Diese streichst du dann über den Kuchen. Nun kannst du noch frische Beeren, Nüsse, Streusel oder ähnliches über die Glasur streuen und fertig ist dieser besondere Kuchen für besondere Anlässe.

Schoko-Ingwer-Cupcakes

Zutaten für 12 Stück

- 3 Eier
- 140 g Margarine
- 80 g Zucker
- 70 g Ingwer, kandiert
- 75 g Joghurt
- 3 EL Rapsöl
- 1 Prise Salz
- 30 g Kartoffelstärke
- 150 g glutenfreies Mehl
- ½ Pkg. Backpulver
- 400 ml Sahne
- 240 g Zartbitterschokolade
- 30 g Ingwer, kandiert, zum Verzieren

Diese Cupcakes sind etwas ganz besonderes. Der Teig ist sehr luftig-locker, die Haube hingegen aus himmlischer Mousse-au-Chocolat und Ingwerstückchen. Bei diesem Rezept fangen wir mal mit dem Topping an – der Besonderheit der Cupcakes. Zuerst wird die Sahne in einem Topf zum Kochen gebracht und vom Herd genommen. Dann wird die Schokolade in kleine Stücke zerbröselt und in der heißen Sahne geschmolzen. Die Masse wird dann glatt gerührt und für ungefähr 90 Minuten kaltgestellt. Für den Teig wird als erstes der kandierte Ingwer klein gehackt. Die Eier müssen getrennt werden. Das Eiweiß sollte mit einer Prise Salz steif geschlagen werden. Nun kannst den Backofen schon einmal auf 160 Grad vorheizen und die Muffinformen vorbereiten. Am besten streichst du sie mit Butter ein, damit die Cupcakes später nicht festhaften. Als nächstes rührst du das Eigelb mit einem ganzen Ei, dem Öl, der Margarine und etwas Zucker zusammen. Dann rührst du den Joghurt und den gehackten kandierten Ingwer unter. Hinzu kommt nun das Mehl, das Backpulver sowie die Kartoffelstärke. Alels wird gut verrührt, bevor der Eischnee vorsichtig untergehoben werden kann. Jetzt verteilst du den fertigen Teig auf die Muffinformen. Kleine Muffins brauchen im vorgeheizten Backkofen bis zu 20 Minuten, normal große Muffins bis zu 30 Minuten. Im Anschluss solltest du die Küchlein gut auskühlenlassen. Nun spritzt du die Schokoladensahne auf die Muffins. Wenn du möchtest, kannst du das Topping mit etwas kandiertem Ingwer komplett machen.

Fazit: Vorteile einer glutenfreien Ernährung

In den letzten Jahren hat sich die Anzahl an Menschen, die sich lieber glutenfrei ernähren, nahezu verdreifacht. Die Menschen haben sich dazu entschlossen, bewusst auf glutenhaltige Nahrungsmittel zu verzichten – selbst, wenn keine Unverträglichkeit oder Zöliakie vorhanden ist. Und dieser Trend verbreitet sich immer weiter. Viele denken dabei, dass eine glutenarme oder glutenfreie Ernährung beim Abnehmen hilft und gesünder ist. Aber wirklich wichtig und gesünder ist eine glutenfreie Ernährung nur , wenn auch eine Intoleranz oder Unverträglichkeit vorliegt. Denn dann hat man bestimmte Symptome und Beschwerden, die die Gesundheit beeinflussen. Eine glutenfreie Ernährung kann in diesem Fall tatsächlich für mehr GEsundheit sorgen. Viele Menschen wissen gar nicht, wie gut oder schlecht sie Gluten vertragen. Oft sind die Symptome so leicht, dass sie gar nicht wirklich registriert werden. Aber auch für diejenigen, die Gluten eigentlich vertragen, hat die glutenfreie Ernährung einige Vorteile. Viele Erfahrungsberichte besagen, dass man sich fitter und gesünder fühlt und auch der Blähbauch nach dem Essen der Vergangenheit angehört. Aber:Das liegt nicht unbedingt an der glutenfreien Ernährung, sondern eher an der Tatsache, dass man sich viel bewusster und gesünder ernährt als vorher. Weil man jetzt eben genau darauf achtet, was man zu sich nimmt. Der wohl wichtigste Vorteil ist aber, dass man sich automatisch weniger oder gar nicht mehr von industriell gefertigten Lebensmitteln ernährt. Das steigert die Gesundheit und das Wohlbefinden deutlich und in diesem Fall hilft das auch beim Abnehmen. Bei einer glutenfreien Ernährung achtet man viel besser auf Inhaltsstoffe und Qualität der Lebensmittel. Bei glutenfreien Produkten besteht ja immer die Gefahr, dass zur Aroma- und Geschmacksverbesserung statt Gluten mehr Zucker, Emulgatoren, Stabilisatoren oder Fett verwendet wurde. Besonders in Weizen befindet sich Stärke und die Stärke wiederum ist reich an Kohlenhydraten. Kohlenhydrate sind wichtige Energielieferanten und kalorienreich. Verzichtet man auf Weizen, ist das somit gesünder. Auch der Blutzuckerspiegel kann mit glutenfreier Ernährung unterstützt werden. Besonders für Diabetiker und übergewichtige Menschen eignet sich eine glutenfreie Ernährungsweise. Der bewusstere

Umgang mit Lebensmitteln bringt auch neue Horizonte zu Tage. Superfoods wie Quinoa, Amaranth und Buchweizen sind durch diesen Trend in viele Rezeptbücher gelangt. Diese Pseudogetreidesorten sind nicht nur gesund, sondern schmecken auch gut. Dazu gehören auch Chia-Samen, die perfekt in Verbindung mit Joghurt wirken und vollkommen frei von Gluten sind. Halten wir also fest: Die glutenfreie Ernährung wirkt sich sehr positiv auf das allgemeine Bewusstsein in Sachen Ernährung aus, aber auch auf die Angebotsvielfalt und neue Möglichkeiten. Das hat auch den Vorteil für Menschen mit Zöliakie oder Glutenunverträglichkeit, das das Angebot der Nachfrage angepasst wird und diese Leute viel mehr Möglichkeiten bekommen, aber auch Akzeptanz erfahren. Bis vor einigen Jahren war eine glutenfreie Ernährung eher schwierig umzusetzen. Umso einfacher wird es mit mehr Bewusstsein und Achtung gegenüber glutenarmen oder glutenfreien Lebensmitteln. Eine glutenfreie Ernährung ist dann sinnvoll, wenn sie ausgewogen und gesund ist. Die vorgestellten Rezepte sollten einen sehr schönen Einstieg bieten.

Haftungsausschluss

Die Umsetzung aller enthaltenen Informationen, Anleitungen und Strategien dieses Buchs erfolgt auf eigenes Risiko. Für etwaige Schäden jeglicher Art kann der Autor aus keinem Rechtsgrund eine Haftung übernehmen. Für Schäden materieller oder ideeller Art, die durch die Nutzung oder Nichtnutzung der Informationen bzw. durch die Nutzung fehlerhafter und/oder unvollständiger Informationen verursacht wurden, sind Haftungsansprüche gegen den Autor grundsätzlich ausgeschlossen. Ausgeschlossen sind daher auch jegliche Rechts- und Schadensersatzansprüche. Dieses Werk wurde mit größter Sorgfalt nach bestem Wissen und Gewissen erarbeitet und niedergeschrieben. Für die Aktualität, Vollständigkeit und Qualität der Informationen übernimmt der Autor jedoch keinerlei Gewähr. Auch können Druckfehler und Falschinformationen nicht vollständig ausgeschlossen werden. Für fehlerhafte Angaben vom Autor kann keine juristische Verantwortung sowie Haftung in irgendeiner Form übernommen werden.

Urheberrecht

Alle Inhalte dieses Werkes sowie Informationen, Strategien und Tipps sind urheberrechtlich geschützt. Alle Rechte sind vorbehalten. Jeglicher Nachdruck oder jegliche Reproduktion – auch nur auszugsweise – in irgendeiner Form wie Fotokopie oder ähnlichen Verfahren, Einspeicherung, Verarbeitung, Vervielfältigung und Verbreitung mit Hilfe von elektronischen Systemen jeglicher Art (gesamt oder nur auszugsweise) ist ohne ausdrückliche schriftliche Genehmigung des Autors strengstens untersagt. Alle Übersetzungsrechte vorbehalten. Die Inhalte dürfen keinesfalls veröffentlicht werden. Bei Missachtung behält sich der Autor rechtliche Schritte vor.

Impressum

© Martina Laut

2018

1. Auflage

Alle Rechte vorbehalten

Nachdruck, auch in Auszügen, nicht gestattet

Kein Teil dieses Werkes darf ohne schriftliche
Genehmigung des Autors in irgendeiner Form
reproduziert, vervielfältigt oder verbreitet werden

Druckerei: Amazon Media EU S.á r.l., 5 Rue Plaetis,
L-2338, Luxembourg

Kontakt: Anthony Filipiak, Bahnhoftstraße 129, 40883
Ratingen

Covergestaltung: www.depositphotos.com

Printed in Great Britain
by Amazon